Ahrendt/Aepfler

GOETHES GÄRTEN
IN WEIMAR

Dorothee Ahrendt / Gertraud Aepfler

GOETHES GÄRTEN IN WEIMAR

Edition Leipzig

Herausgegeben von der Stiftung
Weimarer Klassik

fotografiert
von Sigrid Geske

Volkmar Herre: S. 92/93
Eberhard Renno: S. 48, 104, 112

Schutzumschlag-Vorderseite:
Goethes Gartenhaus mit Malvenallee
Foto: Volkmar Herre

Schutzumschlag-Rückseite:
Goethes Hausgarten.
Kolorierter Kupferstich
von Eduard Lobe, um 1825.
Stiftung Weimarer Klassik,
Goethe-Nationalmuseum

Die Deutsche Bibliothek – CIP-Einheitsaufnahme

Ahrendt, Dorothee:
Goethes Gärten in Weimar / Dorothee Ahrendt ; Gertraud
Aepfler. [Hrsg. von der Stiftung Weimarer Klassik]. –
Leipzig : Ed. Leipzig, 1994
ISBN 3-361-00416-0
NE: Aepfler, Gertraud:

© 1994 by Edition Leipzig
Gestaltung: Lothar Gabler, Leipzig
Satz und Druck: Interdruck Leipzig GmbH
Reproduktion: Scanhouse Malaysia
Printed in Germany

INHALTSVERZEICHNIS

VORWORT

Die meisten Städte haben ihre Wahrzeichen – so auch Weimar. Mit dem Namen dieser Stadt verbinden sich in aller Welt die Bilder des Goethe-Schiller-Denkmals auf dem Theaterplatz, des Schillerhauses an der einstigen Esplanade, des Goethe-Wohnhauses am Frauenplan und des Goethe-Gartenhauses im Park an der Ilm. Ein Großteil der Gäste Weimars besucht diese Stätten. Sie werden am häufigsten fotografiert.

Weniger bekannt ist schon, daß zu den beiden Goethehäusern Gärten gehören, die für den Dichter ein Leben lang in vielerlei Hinsicht Bedeutung erlangten. Wahrscheinlich war es anfänglich gerade der eigene Grundbesitz im Ilmtal, der den jungen Goethe an Weimar band und seinen Entschluß hierzubleiben beförderte. Für sechs Jahre wurde das einfache schindelgedeckte Gartenhaus sein ständiger Wohnsitz. Nach dem Kauf des Hauses, einschließlich Garten, am Frauenplan blieb der nunmehrige »untere Garten« für Goethe ein stiller Zufluchtsort, wohin er sich, um ungestört nachdenken und arbeiten zu können, gelegentlich zurückzog, wo aber auch frohes Familienleben und heitere Geselligkeit ihren Platz fanden.

Der Garten am Stadthaus, den er, wenige Treppenstufen hinabsteigend, jederzeit aufsuchen konnte, erweiterte seine Wohnung ins Freie, brachte die Natur unter die Fenster seines Arbeitszimmers, war botanisches Beobachtungs- und Versuchsfeld und versorgte nicht zuletzt die Familie Goethe und die Bediensteten mit Obst und Gemüse.

Rückblickend schrieb Goethe in dem Aufsatz über die Geschichte seines botanischen Studiums: »Sogleich bei meinem Eintritt in den edlen weimarischen Lebenskreis, ward mir der unschätzbare Gewinn zuteil Stuben- und Stadtluft mit Land- Wald- und Garten-Atmosphäre zu vertauschen.«[1]

Mit Goethes Tod endete die Geschichte seiner Gärten nicht. Bis auf den heutigen Tag wird in ihnen gepflanzt und gerodet, verändert und erhalten, um neben dem Staatsmann, Dichter und Naturwissenschaftler auch an den Gartenliebhaber und Gärtner Goethe zu erinnern.

Dorothee Ahrendt ist Gartenarchitektin bei der Stiftung Weimarer Klassik. Sie verfaßte den Aufsatz »Der Garten am Stern« anhand ihrer Nachforschungen und Erfahrungen auf dem Gebiet der Gartendenkmalpflege. Gertraud Aepfler, die Autorin des Beitrages »Der Garten am Wohnhaus«, erfüllte sich mit über 60 Jahren einen langgehegten Wunsch: Sie wurde 1976 »Goethes Gärtnerin« und betreute von da an 15 Jahre lang den Garten am Frauenplan. Die vielen Fragen der Museumsbesucher regten sie an, sich auch theoretisch mit diesem Thema zu befassen und neben der Geschichte des Gartens besonders seine Bedeutung für das tägliche Leben der Familie Goethe zu ergründen. Das Resultat ihrer Forschungen floß vereint mit den reichen Erfahrungen eines langen Gärtnerlebens in ihren Aufsatz ein. Beide Autorinnen sind seit vielen Jahren miteinander befreundet.

DER GARTEN
AM »STERN«

DAS GRUNDSTÜCK VOR
GOETHES ZEIT

Goethe war nicht der erste Besitzer des später durch ihn berühmt gewordenen Gartenhauses im Ilmtal. Schon 200 Jahre früher existierten dort, vor den Toren der mittelalterlichen Stadt, Obsthänge und Weinberge mit den dazugehörenden Gebäuden. Der Bau des Häuschens wird in der Literatur ins 16. oder frühe 17. Jahrhundert datiert.[2] Genauere archivalische Belege konnten dazu zwar bisher nicht gefunden werden, doch lassen sich anhand von Katastern, Erbzinsbüchern, Flurbeschreibungen und Rechnungen wenigstens die Eigentumsverhältnisse annähernd rekapitulieren.

Um 1635 gehörte das Besitztum, damals ein Weinberg, dem Weimarer Seifensieder Hans Hilgund, der es wiederum von seinen Vorfahren geerbt hatte. Da der Weinbau an den Ilmhängen offensichtlich nicht die gewünschten Erträge und guten Weine brachte, wurden in jener Zeit nach und nach die Weinberge aufgegeben bzw. in Obst- und Gemüsegärten umgewandelt. So auch »Hansen Hillgundts Berg«, wie er 1652 noch hieß. Als er 1682 von den Hilgundischen Erben für 250 Gulden verkauft wurde, nannte man ihn bereits »Garten im Horn«.

1711 ist die Witwe des Weimarer Rektors Großgebauer als Eigentümerin in dem Weimarer Geschoßbuch eingetragen. Seitdem führte das Grundstück auch den Namen »Rektorsgarten«. 1715 verkaufte die Rektorswitwe den Garten an den Oberweimarer Gastwirt Niedling. Nach dessen Tod 1720 wurde das Besitztum unter sechs Erben aufgeteilt. Die drei südlichen Teile erwarb zwischen 1734 und 1736 der Weimarer Schieferdeckermeister Johann Adam Thieme. In die drei nördlichen Stücke teilten sich der Weimarer Schneidermeister Johann Elias Gottschalk und der Kanzleibote Hans Heinrich Meyer. Der Gottschalksche und der Meyersche Garten wurden zwischen 1778 und 1784 durch die herzogliche Schatullverwaltung aufgekauft und, in Wiesenflächen verwandelt, dem Park zugeschlagen.

Das Gartenhaus stand in dem nunmehrigen »Thiemeschen Garten«, der in den Ausmaßen mit dem späteren Goetheschen übereinstimmte. Thieme starb 1740. Seine Erben verkauften den Garten an die Frau des Leibschneiders Gottschalk, der schon Teile des nördlichen »Rektorsgartens« besaß, alles zusammen aber bald wieder veräußerte. Den »Thiemeschen Garten« übernahm für 125 Gulden der Infanterie-Feldwebel Lucas Ruge. Von diesem ging er 1766 an Frau Christiane Elisabeth Köhler über. Diese heiratete nach dem Tode ihres ersten Gatten, des Fürstlichen Hofverwalters Johann Heinrich Köhler, 1771 den Fürstlichen Leibschneider Christian Nicolaus Börner. Das Anwesen wurde dementsprechend zeitweise auch als »Rugischer«, »Köhlerscher« oder »Börnerscher Garten« bezeichnet.

1775 starb die Börnerin, und ihre Hinterbliebenen ließen das Besitztum durch den Rat der Stadt im »Weimarischen Wöchentlichen Anzeiger« zur Versteigerung anbieten. Die Anzeige, daß »der Garten auf dem Horn neben Herrn Hofrat Schmidts und Meister Beschors Garten samt dem darinnen befindlichen Gartenhause und Brunnen« zu verkaufen sei, erschien dort erstmals Anfang Oktober 1775, dann wieder im Februar und im März 1776.[3]

Wie das Grundstück damals aussah, kann man nur vermuten, denn Stadtpläne und andere Quellen geben darüber keine nähere Auskunft. Wahrscheinlich war das Gartenhaus ziemlich verfallen und der Garten verwildert. Darauf läßt jedenfalls das anfänglich eher geringe Interesse der Weimarer Bürger an dem Börnerschen Anwesen schließen. Das erste Gebot vom 6. Oktober 1775 lautete auf 300 Gulden. Bis zum 11. März 1776 stieg die Summe auf 375 Gulden. Am 19. März wurden dann 425, am 27. März sogar 525 Gulden (460 Taler) geboten. Zwei junge Männer, Friedrich Justin Bertuch und Johann Wolfgang Goethe, hatten Gefallen an dem einsamen Anwesen vor der Stadt gefunden und versuchten nun, einander zu überbieten.

Bertuch, Geheimschreiber und Schatullverwalter von Herzog Carl August, Schriftsteller, Verleger, Unternehmer und bereits damals einer der reichsten Bürger Weimars, zugleich auch ein leidenschaftlicher Natur- und Gartenfreund, wollte mit seiner jungen Frau Haus und Garten beziehen. Schon in Waldeck bei Bürgel, der Heimat seiner Braut, hatte Bertuch »mit seinem Mägdlein Rasen und Moos Bänke und Hüttchen und Plätzchen angelegt, die sehr romantisch sind«.[4] Dies schrieb kein anderer als Goethe, nachdem er gemeinsam mit den jungen Brautleuten sein erstes Weihnachten im Thüringischen bei Bertuchs künftigen Schwiegereltern in Waldeck verbracht hatte.

Bertuch besaß offenbar Kenntnisse in der »neuen Gartenkunst«, die, um 1760 von England kommend, langsam ihren Siegeszug auf dem europäischen Festland antrat. Der bis dahin vorherrschende architektonische »französische« Garten wurde jetzt als Sinnbild der Unterdrückung, der Hierarchie und des Absolutismus abgelehnt, während man den »natürlichen« oder »englischen« Garten als Ausdruck der Allmacht der Natur und einer damit verbundenen neuen Freiheit des Individuums enthusiastisch feierte. Besonders die Generation der jungen Maler und Dichter war von der neuen Strömung begeistert. Goethe kam 1771/72 im Kreis der »Darmstädter Empfindsamen« mit diesen Ideen in Berührung. Er las die Werke Rousseaus und verschiedener englischer Schriftsteller (unter anderem Shaftesbury), die sich damit beschäftigten. Auch die Schriften des bedeutendsten deutschen Gartentheoretikers jener Zeit, Christian Laurenz Hirschfeld, lernte er kennen und schätzen.[5]

Schöne Gärten waren Goethe seit seinen Frankfurter Kindertagen nicht fremd, aber einen »englischen Garten« hatte er bisher in natura offensichtlich noch nicht gesehen, geschweige denn selbst gestaltet oder besessen. Diese Chance bot sich ihm nun, und er war gewillt, sie mit dem Erwerb des begehrten Grundstücks zu ergreifen. Der Herzog erfuhr davon und erkannte die Möglichkeit, den berühmten Dichter und neuen Freund an Weimar zu fesseln. »Karl August kann nicht mehr ohne ihn [Goethe] schwimmen noch waten«[6], schrieb Christoph Martin Wieland am 26. Januar 1776 an Johann Heinrich Merck.

Bertuch wurde bewogen, auf weitere Gebote zu verzichten. Er erhielt dafür den damaligen Baumgarten (in etwa der heutige Weimarhallenpark) zu äußerst günstigen Bedingungen in Erbpacht. Die Verkäufer wurden gedrängt, keine weiteren Angebote abzuwarten und den Garten Goethe zu überlassen. Dieser erhöhte die Kaufsumme auf 600 Taler, überbot sich also selbst noch einmal. Daran nahm nun wiederum der Rat der Stadt Anstoß. Der Herzog ordnete jedoch an, den Kaufvertrag unverzüglich zu bestätigen, und so wurde der Erwerb von Haus und Garten am 26. April 1776 durch Bürgermeister Traugott Lebrecht Schwabe ins Grundstücksregister eingetragen und Goethe durch folgendes »Diplom des Rates der Stadt Weimar« zu deren Bürger ernannt:

Demnach Herr Johann Wolffgang Goethe, beyder Rechten Doctor, bey Erkauffung des Börnerischen Gartens, sich zugleich zu Gewinnung des Bürger-Rechts anverstanden; Alß hat wohlgedachtem Herrn Dr. Göthe der allhiesige Rath das Bürger-Recht nicht nur conferiret, sondern auch gegenwärtige Urkunde unter das Raths Innsiegel darüber ausgestellet. Weimar, den 26ten April 1776

Der Rath daselbst:
Traugott Lebrecht Schwabe[7]

Nur nebenbei sei bemerkt, daß die Kaufsumme aus der Schatulle des Herzogs bezahlt wurde.

HAUS UND GARTEN
ALS STÄNDIGER WOHNSITZ

»Zum erstenmal im Garten geschlafen,
und nun Erdtulin für ewig.«

Auf Einladung Herzog Carl Augusts war Goethe am 7. November 1775 in Weimar eingetroffen und hatte seitdem verschiedene Stadtquartiere bewohnt. Zuerst logierte er im Haus des Kammerpräsidenten von Kalb am Töpfermarkt (heute Herderplatz). Dann bezog er eine Mietwohnung am jetzigen Burgplatz Nr. 1 (Haus mit Gedenktafel neben dem Residenzcafé). Gelegentlich übernachtete er auch im Fürstenhaus (heutige Hochschule für Musik am Platz der Demokratie), wo die herzogliche Familie und ein Teil des Hofstaates nach dem Schloßbrand von 1774 untergekommen waren und wo Goethe ebenfalls eine Unterkunft hatte. Von August 1779 bis Juni 1781 stand ihm im Hause Seifengasse 16 (neben dem Haus der Frau von Stein) eine Stadtwohnung zur Verfügung. Trotzdem bevorzugte er in den ersten Weimarer Jahren sein Gartenhäuschen und balgte sich lieber »mit der Jahrszeit herum«[8].

Weimar zählte damals rund 6000 Einwohner, von denen die meisten Ackerbürger waren oder in irgendeiner Weise für den Hof arbeiteten. Die kleine Stadt machte eher einen dörflichen Eindruck, und es war keine Seltenheit, daß sich Hühner und Schweine in den Gassen tummelten und die Abwässer die Stiefel und Schuhe der Fußgänger beschmutzten.

Politisch und wirtschaftlich galten das Fürstentum und seine Residenzstadt als unbedeutend und zurückgeblieben. Auf geistig-kulturellem Gebiet jedoch hatte schon Herzoginmutter Anna Amalia, vormundschaftliche Regentin von 1759 bis 1775, eine Entwicklung eingeleitet, die Weimar bald aus dem Reigen der kleinen Residenzen herausheben sollte. Sie und nach dem Regierungswechsel ihr Sohn Carl August zogen eine Reihe von hochgebildeten, meist aus dem Bürgertum stammenden »Schöngeistern« und Dichtern an ihren Hof und pflegten mit diesen einen gleichberechtigten, liberalen Umgang. 1763 war der spätere Weimarer Gymnasialprofessor und Märchendichter Johann Karl August Musäus Pagenerzieher am Hofe geworden. 1772 wurde Christoph Martin Wieland als Lehrer für Erbprinz Carl August nach Weimar berufen und 1774 ernannte Anna Amalia den Schriftsteller und Übersetzer Karl Ludwig von Knebel zum Erzieher und Hofmeister für ihren jüngeren Sohn Constantin. Beide wohnten in der Folgezeit im Tiefurter Schlößchen und betätigten sich dort unter anderem auch auf gartenkünstlerischem Gebiet. Die empfindsamen Anfänge des Tiefurter Parkes sind Knebel zu danken.

Am 3. September 1775, seinem 18. Geburtstag, wurde Carl August Regent des Herzogtums Sachsen-Weimar-Eisenach. Er hatte naturgemäß Interesse daran, junge gleichgesinnte Gefährten um sich zu scharen, und er scheute sich nicht, in den Kreis der von Kalb, von Einsiedel, von Seckendorff und von Knebel auch Bürgerliche aufzunehmen, zumal wenn sie schon so berühmt waren wie der sechsundzwanzigjährige Dr. Goethe.

Anfang 1776 berief der Herzog auf Anraten und Betreiben Goethes und gegen den Widerstand seiner Beamten und der Geistlichen Johann Gottfried Herder zum Generalsuperintendenten in Weimar.

1789 erhielt Friedrich Schiller, wiederum dank Goethes Vermittlung, eine Professur in Jena; ein Jahrzehnt später siedelte er von dort nach Weimar über.

Natürlich erregten Goethe und der junge Anhang des Herzogs besonders beim konservativen Teil der Hofgesellschaft Ärger, Neid und Mißgunst, und es gab während seiner ersten Weimarer Monate viele Gerüchte und manches Gerede in der kleinen Stadt. Es war, wie es zu jeder Zeit mit jungen Leuten ist: Sie fühlten sich beengt, unfrei, durch die strengen Sitten und die Hofetikette reglementiert. Sie rebellierten auf ihre Art und Weise dagegen, liefen in »Werther-Tracht« (dunkelblauer Frack, gelbe Weste, Lederbeinkleider) umher, trugen die Haare offen und ungepudert und an den Füßen Reitstiefel statt Schnallenschuhe. Sie knallten mit der Peitsche um die Wette, und wenn sie es für angebracht hielten, schrien und fluchten sie laut bei Hofe.

Neben aller Auflehnung drückte sich darin ihre Sehnsucht nach reiner Natürlichkeit und Menschlichkeit aus. Sie wollten das »Zurück zur Natur« im Rousseauschen Sinne erproben. Das Umherstreifen in Wald und Feld, das Reiten, Jagen, Schlittenfahren, Eislaufen und Baden, mit einem Wort: Der Aufenthalt in der freien Natur wurde zu einem echten, tiefen Bedürfnis. In Weimar verstärkte es sich noch durch den Umstand, daß die herzogliche Familie und ihr Hofstaat beengt und nur provisorisch im Fürstenhaus logieren mußten. Nach den ersten wilden Monaten kam für den Herzog und seine Freunde jedoch schnell die Zeit heran, sich ernsthaft den Regierungsgeschäften zu widmen.

Am 11. Juni 1776 wurde Goethe zum Geheimen Legationsrat mit Sitz und Stimme im Geheimen Konsilium, der obersten Landesbehörde, ernannt und wirkte von nun an verantwortlich bei der Verwaltung des kleinen Staates mit. Eine Reihe von Sonderaufträgen kamen nach und nach hinzu, wie zum Beispiel die Leitung der Bergbau-, der Wegebau- und der Kriegskommission. Goethe nahm diese Pflichten in der Hoffnung, Gutes für Land und Volk bewirken zu können, sehr bewußt auf sich, mußte jedoch bald erkennen, daß seine Erwartungen zu hoch gewesen waren. Allmählich wurden ihm die Aufgaben zur unerträglichen Last.

All dies bewirkte, daß das Häuschen und der Garten im Ilmtal zunehmend an Bedeutung für Goethe gewannen. Dort konnte er fern vom Trubel am Hofe und von allem Klatsch und Tratsch tun und lassen, was er wollte, konnte Freunde

Steg über die Ilm mit Blick zum Gartenhaus.
Kohle- und Kreidezeichnung auf blauem Papier von Johann Wolfgang
Goethe, Winter 1776/77.
Stiftung Weimarer Klassik, Goethe-Nationalmuseum, Goethes
Kunstsammlungen, Corpus 1, 195, Inv.-Nr. 965 B

empfangen und mit ihnen feiern, hatte aber auch Ruhe, Einsamkeit und Zeit zum Nachdenken und Besinnen ebenso wie für sein dichterisches Schaffen.

Goethes Garten, auch »Garten am Stern«, »Sterngarten« und später »alter Garten«, »unterer Garten«, »unterster Garten« genannt, lag an einem Hügel mit dem Namen »das Horn« und in unmittelbarer Nähe des besagten »Sterns«. Dies war die Bezeichnung für einen alten, zum Residenzschloß gehörigen Baumgarten mit einem sternförmig ausstrahlenden Wegesystem, den an einer Seite die Ilm begrenzte und an den drei übrigen der Floßgraben umschloß. Zwischen 1798 und 1800 wurde dieser Graben im Zuge von Umgestaltungsmaßnahmen zugeschüttet.

Um zu Goethes Anwesen zu gelangen, mußte man verschiedene, mit Gattertoren verschlossene Stege passieren (Abb. oben). Seiner Freundin Charlotte von Stein sandte er dafür Schlüssel. Wieland dagegen beschwerte sich 1778, daß Goethe zwar mehrere Brücken über die Wasserläufe habe machen lassen, deren Türen er jedoch, sooft er »noch zu ihm gehen wollte , verschlossen angetroffen« hätte: »Da man nun nicht anders zu ihm dringen kann, als mit einem Zug Artillerie, oder wenigstens ein paar Zimmerleuten, die einem die Zugänge mit Äxten öffnen, so ist ein gemeiner Mann wie unser einer gezwungen, das Abenteuer gar aufzugeben...«[9]

Schaute man von Goethes Garten in Richtung Süden, so hatte man einen schönen Blick entlang dem mit Baum- und Buschgruppen malerisch bestandenen Ilm-

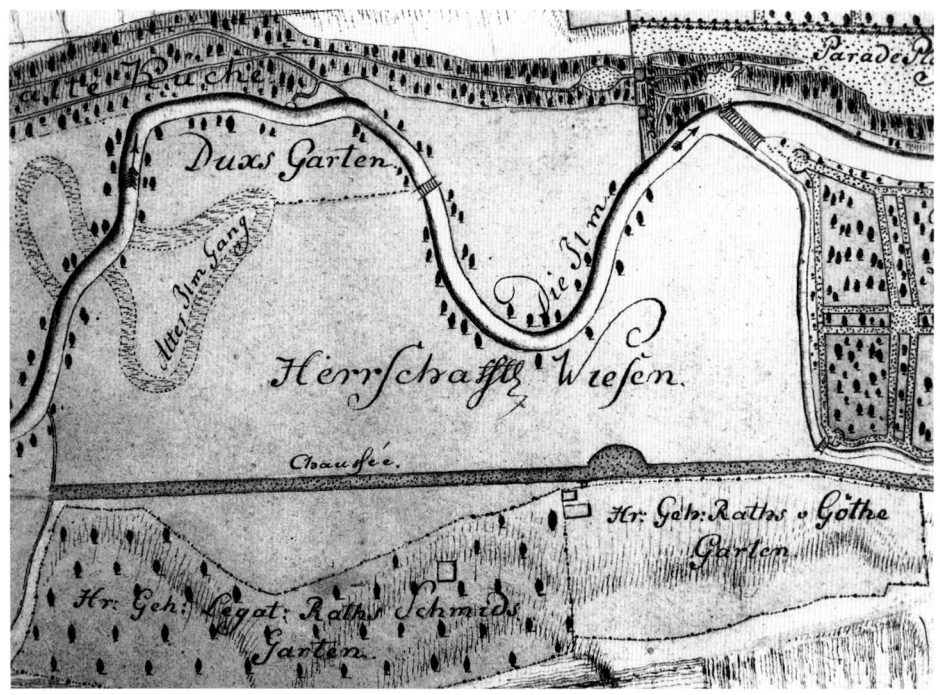

Plan von der Fürstlich Sächsischen Residenzstadt Weimar,
Ausschnitt mit Goethes Garten.
Aufgenommen von Franz Ludwig Güssefeld, 1782, gezeichnet von
Daniel Wilhelm Brunnquell, 1783.
Stiftung Weimarer Klassik, Herzogin Anna Amalia Bibliothek

tal bis hin zu den Ortschaften Oberweimar und Ehringsdorf. Auch die Anhöhe
mit dem Schloß Belvedere, der Sommerresidenz des Herzogspaares, war in der
Ferne zu sehen. Gegenüber dem Garten nach Westen zu begrenzte jenseits der
Ilm eine dichtbewachsene, felsige Hangpartie, die sogenannte Kalte Küche, die
Aussicht. Alte Mauern und ein kleiner Pulverturm ragten daraus hervor.

Goethe hatte auch einen direkten Nachbarn. Südlich grenzte das Grundstück
des Geheimen Assistenzrates Johann Christoph Schmidt an seinen Garten.
Schmidt war ein Amtskollege Goethes im Geheimen Konsilium und ein leiblicher
Vetter Friedrich Gottlieb Klopstocks, der ihn sogar in einer Ode verewigte. Die
Familie Schmidt verbrachte in dem kleinen Haus und dem angrenzenden großen
Obstgarten ihre sommerlichen Mußestunden.[10] 1806 bot der Assistenzrat das An-
wesen zum Verkauf an. Die Gräfin von Henckel-Donnersmarck erwarb es für
das »Lumpen Geld« von 2250 Reichstalern und benutzte es mit ihrer Tochter
Henriette und ihren beiden Enkeltöchtern Ottilie und Ulrike von Pogwisch eben-
falls als Sommeraufenthalt.[11]

Für die Geschichte von Goethes Garten in den ersten Jahren sind das Tagebuch des Dichters, Briefe an Freunde und Bekannte sowie zeitgenössische Schil-

derungen und Berichte die wichtigsten Zeugnisse. Daneben existieren noch ein
Baubüchlein Goethes und zahlreiche Rechnungen, die sich jedoch größtenteils
auf das Haus beziehen.[12] Abbildungen gibt es aus jener Zeit nur wenige, und der
Stadtplan von Franz Ludwig Güssefeld, 1782 aufgenommen und 1783 gezeichnet, ist ungenau und ohne Details. Goethes Garten wurde dort viel zu groß dargestellt (Abb. links). Auf einem weiteren Stadtplan, der ein Jahr später erschien,
hat Güssefeld diesen Fehler noch nicht korrigiert, den Garten jedoch mit einer
schematischen Baumsignatur versehen (Abb. unten).

Noch vor der Eintragung ins Grundstücksregister von Weimar hatte Goethe
»den Garten in Besiz genommen«, wie er am 21. April 1776 in seinem Tagebuch
vermerkte.[13] Als erste Gäste erschienen am 25. April Charlotte von Stein, die
»Grasaffen« (ihre Kinder), ihr Bruder (Regierungsrat von Schardt) und Wieland.[14] Letzterer war gerade selbst Gartenbesitzer und dadurch ebenfalls Weimarer Bürger geworden. Voller Ironie schrieb er an Merck: »Er [Goethe] ist auch
im Begriff, einen Garten zu kaufen, welches ich auch getan habe, als und dergestalt, daß wir beide, ohne vorgängige Abrede, uns beinah in ein und ebendem-

Gesamtplan von der Fürstlichen Residenzstadt Weimar.
Aufgenommen von Franz Ludwig Güssefeld, 1782,
zu finden bei den Homännischen Erben, Nürnberg 1784.
Stiftung Weimarer Klassik, Herzogin Anna Amalia Bibliothek

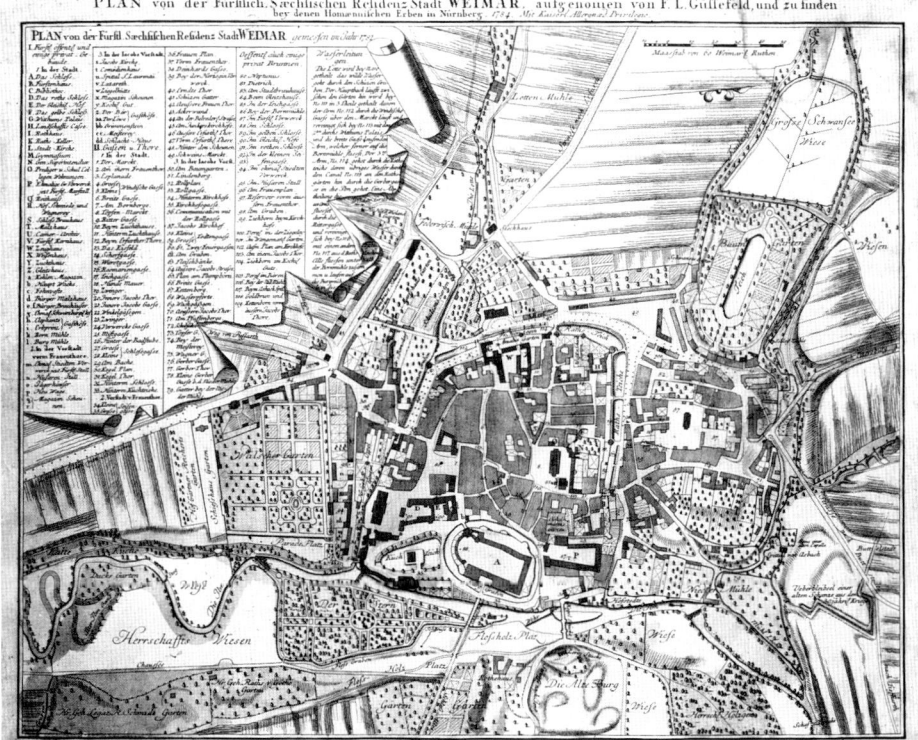

selben Augenblick in den Weimarischen Philister-Orden begeben haben...«[15] Auf dem Güssefeldschen Plan ist Wielands Garten südwestlich der Stadt, am Wilden Graben neben der Federwisch-Mühle, eingezeichnet. Am 28. April besuchte der Herzog seinen Freund Goethe im neuen Domizil. Herzogin Luise folgte einige Tage später.[16]

Erinnert sei daran, daß auch Bertuch gerade seinen Garten erworben hatte. Die Herders wurden nach ihrer Ankunft in Weimar ebenfalls schon bald Gartenbesitzer. Neben der Absicht, mit dem Grundbesitz das Bürgerrecht zu erwerben, drücken sich darin auch die Sehnsucht nach einem eigenen Stückchen Natur und die Freude am Leben und Tätigsein im Freien aus.

Mit dem Einzug des Frühlings konnten die Arbeiten am Haus und im Garten beginnen. Es gab viel zu tun und zu richten: Das Haus war vernachlässigt und verfallen; durch das Dach regnete es hinein, die Treppe und die Fußböden waren morsch, es fehlte jegliche Inneneinrichtung. Lediglich der Ziehbrunnen unter der Treppe im Hausflur war in Ordnung. Die Handwerker, Arbeiter und Tagelöhner hatten von früh bis abends zu schaffen. Im Garten sah es nicht besser aus. Goethe selbst bezeichnete dessen Aussehen als »raupig«[17].

Der hinter dem Haus ansteigende steinige Hang war mit Buschwerk, einzelnen alten Gehölzen und Obstbäumen bestanden. Vor und neben dem Gebäude bis hinab zum Fuß des Hügels erstreckte sich vormals bearbeitetes Land mit Gemüsebeeten, Erdbeer- und Spargelreihen. In dieser »unteren Anlage« begannen am 20. Mai die ersten Gartenarbeiten unter Leitung des Belvederer Hofgärtners Johannes Friedrich Reichert.[18] Frische Erde wurde angefahren und planiert, neue Beete eingeteilt, Wege gebaut und Blumenrabatten angelegt. (Man muß sich die unteren rechteckigen Rasenflächen im heutigen Garten als Gemüseländereien vorstellen.) Am und im Haus wirtschafteten unterdessen die Handwerker. Goethe war, sooft es seine Geschäfte erlaubten, draußen, um nach dem Rechten zu sehen, anzuleiten, anzutreiben. Der Herzog bezahlte auch all diese Arbeiten aus seiner Schatulle.

An dem Wochenende 18./19. Mai 1776 verbrachte Goethe die erste Nacht in seinem Gartenhäuschen und schrieb am Sonntagfrüh an Frau von Stein den bekannten Satz: »Zum erstenmal im Garten geschlafen, und nun Erdtulin für ewig.«[19] Mit dem Brief schickte er ihr als kleine Gabe vom ersten selbstgeernteten Spargel.

Für seine Brieffreundin Auguste (Gustgen), Gräfin zu Stolberg führte Goethe vom 17. bis 24. Mai 1776 ein Gartentagebuch. Darin spricht jede Zeile von großer Freude und wahrhaftem Genuß am Leben im Garten, ist die in ihm erwachende innige Naturverbundenheit bezeugt. Aber auch seine gestalterischen Überlegungen und sein eigenes Tätigwerden für den Garten kommen zur Sprache: »Da lass ich mir von den Vögeln was vorsingen, und zeichne Rasenbänke die ich will anlegen lassen... Es geht gegen eilf ich hab noch gesessen und einen englischen Garten gezeichnet. Es ist eine herrliche Empfindung dahausen im Feld allein zu sizzen. Morgen frühe wie schön. Alles ist so still. Ich höre nur meine Uhr tackcken, und den Wind und das Wehr von ferne. ... Süsser Morgen. Arbeiter in meinem Garten. Allerley Beschäfftigungen! ... früh 6 aufgestanden herrlicher kühler Sommermorgen. Arbeiter im Garten.«[20]

Leider sind die erwähnten eigenhändigen Zeichnungen Goethes nicht erhalten geblieben, so daß für die Rekonstruktion des äußeren Erscheinungsbildes der Gesamtanlage in jener frühen Phase und des genauen Wegeverlaufs spätere Stadtpläne zu Rate gezogen werden mußten (vgl. Abb. Seite 43).

Mit dem »englischen Garten« war der Hang direkt hinter dem Hause gemeint. Dort ließ Goethe einen Schlängelweg, Sitzplätze und Nischen anlegen und das Gelände parkartig bepflanzen. Im Gegensatz dazu hatte der untere Teil, der Nutzgarten, die altbewährte regelmäßige Aufteilung und Gestalt. Ein gerader breiter Weg (später die »Malvenallee« genannt), der vom Hauseingang zu einem Rondell führte, schied die beiden Teile voneinander. Ein weiterer, vom Gartentor kommender Weg stieß rechtwinklig auf den Hauptweg und endete an einem ovalen Sitzplatz. Optisch diese Achse fortführend, lag genau darüber auf halber Höhe am Hang ein halbrundes Ruheplätzchen, das ein bevorzugter Aufenthaltsort Charlotte von Steins gewesen sein soll (Abb. Seite 27). Eine dritte, ebenfalls halbrunde Nische entstand direkt hinter dem Hauseingang (Abb. unten). Die Arbeiten waren insgesamt recht mühsam und langwierig, denn es mußten an dem steilen, steinigen Abhang Terrassen angelegt, Treppen gebaut, die Wildnis

Eingang des Gartenhauses an der Rückfront.
Lavierte Federzeichnung von Johann Wolfgang Goethe, 1779/80.
Stiftung Weimarer Klassik, Goethe-Nationalmuseum, Goethes
Kunstsammlungen, Corpus 1, 220, Inv.-Nr. 1942

gerodet, unverbrauchte Erde angeschüttet und planiert sowie neuer Rasen aus-
gebracht werden. Die Sitzplätze wurden möbliert, und an Charlottes Lieblings-
ort ließ Goethe offenbar der Freundin zuliebe eine Bank aufstellen. Vielleicht
hatte diese die Bank auch selbst geschickt, denn Goethe schrieb im Juni auf
einem Zettelchen an sie: »Die Banck steht prächtig in dem ihr geweihten Heilig-
thum.«[21]

Verschiedene Quellen sprechen von einem Wächterhaus, einer Hundehütte
und einem Bienenhaus, die sich ebenfalls auf dem Grundstück befunden haben
sollen.[22] Vielleicht war eines davon das kleine Haus, das auf dem Güssefeldschen
Plan direkt vor dem Gartenhaus eingezeichnet ist. Wo die anderen standen, war
nicht sicher zu ermitteln. Am 7. November 1776 schrieb Goethe in sein Tagebuch:
»Mit den Bienen beschäfftigt und sie zur Winterruh gebracht.« Am gleichen Tag
machte er Pläne für weitere Bauten: »Abends Bau Grillen im Garten...«[23]

Größere Anpflanzungen konnten erst im Herbst erfolgen. Am 1. November
wurden Linden gesetzt.[24] Am 6. November berichtete Goethe in einem Brief an
seine Mutter nach Frankfurt: »Abends 6 Uhr. Ich sizze noch in meinem Garten,
es ist das schönste Wetter von der Welt, pflanze und mache allerley Zeugs das
künftig Jahr soll schön aussehn und uns in guten Augenblicken Freude machen.
Heut hab ich einen neuen Gang machen lassen, hab auf die Arbeiten getrieben,
denn ich hatte einmal Ruh, es waren wenig Menschen da...«[25]

Der letzte Satz deutet an, daß Goethe während seines gesamten ersten Gar-
tenjahres viel Besuch erhielt. Man war neugierig, spazierte ins Ilmtal und schaute
bei ihm herein. Nachdem außer dem treuen Diener Philipp Seidel noch Christoph Erhard Sutor, Paul Götze und die Köchin Dorothee als Bedienstete zu seinem Hauswesen hinzugekommen waren, konnte Goethe auch Freunde und Bekannte zum Frühstück, zur Kaffeetafel und zum Abendbrot in seinen Garten
laden. Im Juni veranstaltete er ein Vogelschießen, im September und Oktober
folgte Scheibenschießen.

Neben den bereits genannten Gästen seien noch die Herzoginmutter Anna
Amalia, Friedrich Hildebrand von Einsiedel, Otto Joachim Moritz von Wedel,
Prinz Constantin, Knebel und die Familie Herder erwähnt. Aber auch Freunde
von außerhalb kamen zu Goethe und hofften, sich mit seiner Hilfe in Weimar nie-
derlassen zu können. Als erster erschien sein Jugendfreund, der Dichter Jakob
Michael Reinhold Lenz, der einige Zeit mit im Gartenhaus übernachten durfte.
Im Laufe des Jahres kam es jedoch wegen einer nicht näher bekannten »Eseley
Lenzens« zu einem ernsten Zerwürfnis zwischen beiden, und Lenz mußte Weimar verlassen.[26] Ähnlich erging es auch Friedrich Maximilian Klinger aus Frankfurt am Main und Christoph Kaufmann aus Winterthur.

Am sehnlichsten aber wünschte sich Goethe seine Freundin Charlotte von
Stein zu Gast. Bis zu seiner Italienreise 1786 wanderten unzählige Briefchen und
Zettelchen hin zu ihr ins Stiedenvorwerk (heutiges Haus der Frau von Stein). Oft
lag eine kleine Aufmerksamkeit aus dem Garten dabei. Goethe schickte Veilchen,
Aurikeln, Rosen, Erdbeeren, Spargel, Pfirsiche und sonstige zusammengestop-
pelte »Büschelgen«[27].

Das unmittelbare Naturerlebnis, die schönen Blicke und Stimmungen, die wechselnden Lichtverhältnisse und Jahreszeiten regten Goethe zum Zeichnen an. Es entstanden stimmungsvolle Blätter, von denen er viele an Charlotte sandte.

Der Winter ließ alle Gartenarbeiten ruhen, brachte aber dafür andere Vergnügungen mit sich. Die Hofgesellschaft ging zur Jagd, unternahm Schlittenpartien und versuchte sich im Eislaufen.

Goethe machte es Spaß, den Jahreszeiten in seinem Häuschen zu widerstehen. Er blieb auch in den Wintermonaten oft dort. Am 19. Februar 1777 schrieb er an Johann Kaspar Lavater: »Nachts in meinem Garten, in einem Warmen Stübgen da mir draussen über Schnee und hellen Mondenschein, Waldhörner übers Thal herüber blasen.«[28]

Bald nahte das Frühjahr 1777. Bereits am 12. März war Goethe wieder mit den Arbeitern im Garten.[29] Am 17. März wurde der Grundstein »zum Angebäude«, dem sogenannten Altan gelegt.[30] Da das Gartenhaus nicht unterkellert war, fehlte Nebengelaß. Waschküche und Holzschuppen kamen deshalb unten in den Altan hinein. Oben erhielt er einen direkten Austritt aus Goethes Arbeitszimmer und konnte wie ein Balkon genutzt werden. Im August 1777 war der Altan fertig. Wieland berichtete am 8. November desselben Jahres an Merck: »Ich war gestern nachmittag bei Goethen auf seinem Altan. Kein lieberes, sich wärmer an einen anlegendes, oder wie die Schwaben sagen, einen mehr anheimelndes Plätzchen auf Gottes Boden müssen sie nie gesehen haben.«[31] Unzählige Stunden verbrachte der Dichter hier gemeinsam mit Freunden oder auch allein, in Natur-, Wetter- und Mondbetrachtungen versunken. Er schlief sogar auf dem Altan und ließ sich dabei selbst von Blitz und Donner nicht stören.

Goethe hatte Freude, aber auch manchen Ärger mit seinen Handwerkern und Arbeitern, so daß er des öfteren den ganzen Tag bei ihnen bleiben und sie beaufsichtigen mußte. Am 28. März gab es »Verdruss übers Dach«[32], wie er kurz und knapp in seinem Tagebuch vermerkte. Charlotte gegenüber klagte er ausgiebiger, weil er deswegen nicht zu ihr gehen konnte: »Nun komm ich aber drauf, dass mir die Handwercksleute einen schweer zu verbessernden Fehler an meinem neuen Bau gemacht haben, das mir grosen Verdruss macht. Und ich muss zu Hause bleiben weil ich fürchte es wird immer dümmer.«[33] Ein anderes Mal, am 14. Juli 1777, brach ein Träger am Haus, und es mußte eine Wand untergezogen werden.[34] Trotzdem wurden die meisten Bauarbeiten im Laufe des Sommers beendet, und Goethe konnte sich sein Häuschen endlich gemütlicher einrichten. Er ließ es hellgrau anstreichen und mit einem Spalier versehen, wie umfangreiche Lieferungen von Latten und Spaliernägeln beweisen.[35] An die Ostseite des Gebäudes wurde Geißblatt (Lonicera) gepflanzt.[36] An dem Lattenwerk der West- und Nordseite wuchsen in der Folgezeit prächtige Rosenstöcke (Rosa turbinata – Tapetenrose) empor (Abb. Seite 28). An den Altan wurden 1778 Weinstöcke gesetzt.

Auch im Garten gingen die Pflanzarbeiten weiter. Am 3. April war Goethe dabei, als die »Hecken gepflanzt« wurden,[37] die sein Grundstück von nun an umgaben. In der Pflanzensendung mit dem Geißblatt war auch Falscher Jasmin oder

Pfeifenstrauch (Philadelphus coronarius) enthalten gewesen, den man für die Hecke verwendete. Am Hang wurden Gruppen von Laub- und Nadelbäumen, so zum Beispiel am 6. April die »Weymuthsfichten« (Pinus strobus – Weymouthkiefer) aus Frankfurt, und Fichten und Buchen aus dem Webicht gesetzt.[38] Am 12. November vermeldet das Tagebuch »Eichen gepflanzt«[39]. Wie spätere Darstellungen zeigen, entstand dadurch hinter dem Gartenhäuschen im Bereich der Sitzplätze und geschlungenen Wege ein parkartiger, dicht mit Gehölzen bewachsener Gartenteil, der sich deutlich vom Nutzgarten und dem sonnigen Obsthang abhob. Man spazierte, saß und ruhte hier in schattigen Gefilden. Von den zu Goethes Lebzeiten gepflanzten Bäumen stehen heute höchstens noch drei bis vier Exemplare. Die mehrstämmige Eiche oberhalb des Hauses und einige der großen Linden und Eichen könnten dazu gehören.

Am 8. November 1777 meldete Goethe an Charlotte von Stein: »Die Bäume sind angekommen 30 an der Zahl, gute Kirschbäume auch wenige Obst Bäume guter Sorten. Wie und wann sollen sie nach Kochberg?«[40] Wenn hier auch vom Stammsitz der Steins als Bestimmungsort die Rede ist, so bleibt doch zu vermuten, daß Goethe mit derselben Lieferung auch Obstbäume erhielt, die auf die Wiese am Hang gesetzt wurden. Etliche Jahre später werden Kirschen, Äpfel, Birnen und Zwetschen erwähnt, die hier geerntet wurden (siehe das folgende Kapitel). Goethe beaufsichtigte seine Gartenarbeiter nicht nur, er versuchte sich auch selbst als Gärtner. Am 12. Juni 1777 schrieb er an Charlotte: »Mit beschmierten Baumwachsfingern fahr ich fort. Ich habe meine Bäume versorgt, und die Räuber abgedrückt! – Diese Heilung heischten sie schon Monate her und ich ging immer vorbey.«[41]

Trotz der vielen Arbeit fand sich Zeit zum Feiern und für die zahlreichen Besucher. Am 26. März durften die Kinder der befreundeten Familien in seinem Garten »Eyer suchen«[42]. Einer der damals Beteiligten, Karl von Lyncker, erinnerte sich später mit viel Vergnügen an dieses Ereignis: »Ein in Weimar noch nie gesehenes Fest gab der nunmehrige Legationsrat am Oster-Heiligabend in seinem soeben erst bezogenen, an den oberweimarischen Wiesen gelegenen Garten einer Menge Knaben aus guten Häusern. In allen Winkeln des Gartens waren Orangen und bunte Eier versteckt, die wir aufsuchen mußten. Alles war erlaubt... Gegen Abend ließen sich dann zwei hohe, wandelnde Pyramiden sehen, welche mit Eßwaren aller Art, namentlich mit Bratwürsten, Karbonaden und dergleichen behangen waren. An diesen sprang die muntere Jugend in die Höhe, rupfte nach Belieben herunter, was ihr annehmlich schien, und geriet vor Lust dergestalt außer sich, daß sie die eine umwarf, aus welcher der letztverstorbene Bauinspektor Götze, damals Paul genannt, zu allgemeinem Gelächter hervorkroch.«[43] Diese von Goethe begründete Tradition des »Haseneiersuchens« wird auch heute noch sehr zur Freude der Weimarer Kinder alljährlich am Gründonnerstag gepflegt.

Überhaupt waren Kinder bei Goethe gern gesehen. Die »Grasaffen« Karl, Ernst und Fritz von Stein durften gelegentlich bei ihm »kampiren«.[44] Der junge August von Kotzebue hatte die Erlaubnis, in Goethes Garten Vögel zu fangen, und der Schweizer Hirtenjunge Peter im Baumgarten, der am 12. August 1777 bei Goethe eintraf und für mehrere Jahre sein Zögling war, wohnte eine Zeitlang mit im Gartenhaus.

Weitere Gäste waren 1777 unter anderem die neu nach Weimar verpflichtete Hofschauspielerin Corona Schröter, liebevoll die »Crone« genannt und anfangs vom Herzog und von Goethe gleichermaßen umworben, die Hofdamen Waldner, Oppel und Ilten, die herzogliche Familie, die Herders, der Initiator der Wörlitzer Parkanlagen Fürst Franz von Anhalt-Dessau und natürlich Charlotte von Stein.

Und noch etwas für den Garten Bedeutsames geschah in diesem Jahr. Am 5. April wurde »agathe tyche«, der eindrucksvolle »Stein des guten Glücks« errichtet.[45] Damit war der Sandsteinkubus mit der Kugel darauf gemeint, den Goethe auf einem Rondell am Ende des breiten Hauptweges aufstellen ließ (Abb. Seite 26). Das Denkmal gibt in seiner Einfachheit und Monumentalität zu vielerlei Deutungen Anlaß. »Tyche« ist die griechische Schicksalsgöttin, »agathe tyche« meint das gütige Geschick, ähnlich der römischen Fortuna, die meist auf einer Kugel balancierend dargestellt wird. Der Kubus als das Feste, Unveränderliche im Leben und darauf das Wandelbare, das Schicksalhafte – dies ist eine der möglichen Erklärungen.[46] Von Goethe gibt es außer der zitierten Tagebuch-

Felsentreppe im Weimarer Park.
Tuschlavierte Bleistiftzeichnung von Johann Wolfgang Goethe, 1777.
Stiftung Weimarer Klassik, Goethe-Nationalmuseum,
Goethes Kunstsammlungen, Corpus 1, 178 Inv.-Nr. 1923

notiz nur noch eine einzige Äußerung zu diesem Gedenkstein. Am 25. Dezember 1776 hatte er vermerkt: »Zu Oesern. Agathe tyche.«[47] Möglich, daß Adam Friedrich Oeser den Entwurf für das Denkmal lieferte. Wer es ausführte, ist unbekannt. Wahrscheinlich ist auch, daß freimaurerisches Gedankengut eine Rolle spielte. Goethe stand damals der Loge »Anna Amalia«, deren Mitglied er 1780 wurde, sehr nahe.

Neben dem Zeichnen in der Natur widmete sich Goethe nun auch wieder der Dichtkunst. Der Beginn seines unvollendeten Romans »Wilhelm Meisters theatralische Sendung« fällt in das Jahr 1777. Viele seiner wundervollen Natur- und Liebesgedichte, unter ihnen »An den Mond«, »Rastlose Liebe« und »Jägers Abendlied«, sind in den ersten Gartenhausjahren entstanden.

Der Januar 1778 brachte ein Ereignis, das Goethe tief bewegte. Im Tagebuch ist unter dem 17. dieses Monats zu lesen: » Ward Cristel von Lasberg in der Ilm vor der Flosbrücke unter dem Wehr von meinen Leuten gefunden. sie war Abends vorher ertruncken.«[48] Das junge Freifräulein hatte sich aus Liebeskummer ganz in der Nähe von Goethes Garten in die Ilm gestürzt. Goethe sann viel darüber nach und faßte den Entschluß, ihr zum Gedenken »ein seltsam Pläzgen« zu errichten.[49] Gemeinsam mit Hofgärtner Gentzsch und den Arbeitern machte er sich am 19. Januar ans Werk und höhlte »ein gut Stück Felsen« aus: »...man übersieht von da, in höchster Abgeschiedenheit, ihre lezte Pfade und den Ort ihres Tods.«[50] Bis in den April hinein wurde aus den Resten eines alten Steinbruchs das Felsentor – im Volksmund »Nadelöhr« genannt – geschaffen und ein Weg vom Ilmufer hinauf zur Hangoberkante angelegt (Abb. Seite 23).

Mit dieser empfindsamen Anlage griff Goethes Gestaltungswille auf das umgebende Ilmtal über. Künftig konnte er seinen Weg zum Stiedenvorwerk beziehungsweise in die Stadt hier entlang nehmen.

Bald fand sich erneut ein – diesmal freudiger – Anlaß, ganz in der Nähe ein weiteres Plätzchen herzurichten. Am 9. Juli war der Namenstag von Herzogin Luise, der im Freien gefeiert werden sollte. Ursprünglich hatte man dafür den »Stern« auserkoren. Ein Hochwasser vereitelte jedoch diese Pläne. Man mußte in höher gelegene Bereiche ausweichen und verfiel auf die »Kalte Küche«. Wahrscheinlich war es wiederum Goethe, der das seinem Garten gegenüberliegende wüste Gelände auswählte. Hier schuf er mit Gentzschens Hilfe in drei Tagen eine kleine Einsiedelei. Das alte Pulvertürmchen wurde in einen Glockenturm verwandelt. Eine einfache, strohgedeckte Holzhütte und ein ruinenartig hergerichtetes Mauerstück komplettierten die Szene und bildeten die Kulisse für die Feiern (Abb. Seite 34). Goethe selbst hat 1830 rückblickend den Hergang des Festes beschrieben und abschließend festgestellt, daß »die sämmtlichen Wege, an dem Abhange nach Ober-Weimar zu, von hier aus ihren Fortgang gewannen; wobei man die Epoche der übrigen Parkanlagen, auf der obern Fläche bis zur Belvederischen Chaussee, von diesem glücklich bestandenen Feste an zu rechnen billig befugt ist«[51].

Die Hofgesellschaft und besonders der junge Herzog fanden Gefallen an dem Platz und Freude an eigener gärtnerischer Gestaltung. Carl August wurde in der

Seite 25
Blick zum Gartenhaus, Herbst 1991

Blick vom »Stein des guten Glücks« entlang des Mittelweges,
Herbst 1991

Lieblingsplatz der Frau von Stein am Hang mit Inschrifttafel,
Herbst 1992

Kaiserkronen in Goethes Garten,
Frühjahr 1992

Verschiedene Kaiserkronen
(Fritillari imperialis).
Ausschnitt aus:
David Dietrich.
Tafel 75 der Encyclopädie
der Pflanzen. Bd. 1. Jena 1841

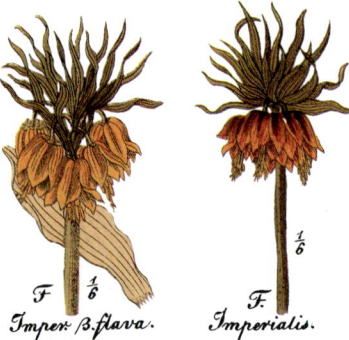

Tapetenrose (Rosa turbinata), heute:
Rosa francofurtana.
Abbildung aus: Pierre-Joseph Redouté.
Die Rosen. Dortmund 1991.
(Nach der Ausgabe von 1817 bis 1824)

Duftveilchen (Viola odorata),
Hundsveilchen (Viola canina).
Ausschnitt aus:
David Dietrich.
Tafel 65 der Encyclopädie der Pflanzen.
Bd. 1. Jena 1841

Malve oder Stockrose
(Malva arborea = Alcea rosea =
Althaea rosea).
Herbarblatt aus Goethes Herbarium.
(Der Pflanzenname wurde von dem
Jenaer Botanikprofessor
Johann Georg Carl Batsch
aktualisiert und korrigiert.)

Seite 31
Blick über den Steintisch hinweg zum ehemaligen Haupteingang, Herbst 1991

Seite 32
Blick über die Floßbrücke in Richtung Gartenhaus,
Winter 1991

Kieselmosaik
am Eingang zum Gartenhaus, 1992

Blumenrabatte vor dem Gartenhaus,
Frühjahr 1991

Folgezeit zu einem begeisterten Anhänger der neuen, landschaftlichen Gartenkunst. Ausgehend vom »Luisenkloster«, das er für sich zu einem schindelge-
deckten Holzhäuschen (Borkenhäuschen) umbauen ließ, wurde bald der gesamte
linksseitige Ilmhang in eine Gartenanlage umgewandelt. Die Geburtsstunde des
Parkes an der Ilm hatte geschlagen, denn nun ruhten die Arbeiten nicht mehr,
auch wenn Goethe sich mehr und mehr aus der Parkgestaltung zurückzog. Schon
als er selbst noch an dem Gedenkplätzchen für die »arme Cristel« arbeitete, ver-
spottete er in der dramatischen Grille »Der Triumph der Empfindsamkeit«[52] die
Schwächen und Sentimentalitäten des neuen Gartenstils:

> *Zum vollkommnen Park*
> *Wird uns wenig mehr abgehn.*
> *Wir haben Tiefen und Höhn,*
> *Eine Musterkarte von allem Gesträuche,*
> *Krumme Gänge, Wasserfälle, Teiche,*
> *Pagoden, Höhlen, Wieschen, Felsen und Klüfte,*
> *Eine Menge Reseda und andres Gedüfte,*
> *Weymuthsfichten, babylonische Weiden, Ruinen,*
> *Einsiedler in Löchern, Schäfer im Grünen,*
> *Moscheen und Thürme mit Kabinetten,*
> *Von Moos sehr unbequeme Betten...*

Zwar nahm Goethe weiterhin Anteil an dem, was um seinen Garten herum geschah, und griff, wie bei der Errichtung des Römischen Hauses und seiner
Außenanlagen, später auch selbst nochmals in die Gestaltung ein, sein Interesse
jedoch verlagerte sich zunehmend auf das Studium der Botanik und das Erkennen naturwissenschaftlicher Zusammenhänge.

In seinem Garten gingen 1778 die Pflanzarbeiten weiter. Aus der Denstedter
Baumschule wurden 24 Virginische Zedern (Juniperus virginiana – Rote oder
Virginische Zeder) bezogen.[53] Auch aus Ballenstedt kamen Bäume, wie Rechnungen für Fuhrlohn belegen.[54] An Merck schrieb Goethe am 5. August 1778:
»Bäume pflanz ich jetzt, wie die Kinder Israel Steine legten zum Zeugniß.«[55] Wohin diese Gehölze im einzelnen gesetzt wurden, läßt sich nicht mit Bestimmtheit
sagen. Spätere Lagepläne weisen die Stellen mit dichterem Gehölzbestand jedoch
eindeutig aus (vgl. Abb. Seite 48). Es sind im wesentlichen immer wieder drei Bereiche: der Hangteil hinter dem Haus, das Areal um den »Stein des guten Glücks«
und die Fläche am oberen Gartenausgang zum »Horn«.

Im Juni 1778 ging an Oeser die Bitte, »ein paar Zeichnungen zu steinernen
Garten Bäncken ganz simpel aber schöne Formen« zu schicken.[56] Im Mai des Jahres besuchte Goethe zum zweiten Male Wörlitz und war wiederum fasziniert von
den dortigen neuen Anlagen, die sicher nicht ohne Einfluß auf seine eigenen gestalterischen Absichten blieben. Im folgenden Winter mußten der großen Kälte
wegen zwei Fenster an der Nordwestecke seines Gartenhauses zugemauert werden. Aber schon im Februar 1779 notierte Goethe, daß er »im Garten Bäume

Luisenkloster oder Einsiedelei im Weimarer Park.
Tuschlavierte Feder- und Kreidezeichnung von Johann Wolfgang Goethe, 1780.
Stiftung Weimarer Klassik, Goethe-Nationalmuseum, Goethes
Kunstsammlungen, Corpus 1, 225, Inv.-Nr. 1939

und Sträucher durchstört«[57] habe. Im gleichen Monat begann er mit der Arbeit an der »Iphigenie«, die wenige Wochen später in der Prosafassung vollendet war und im April in Weimar zur Uraufführung gelangte. Auch am »Egmont« schrieb er weiter.

Seinen 30. Geburtstag verbrachte der Dichter »frey und froh« in seinem Garten. Am Nachmittag sagte ihm der Herzog »seine Gedancken« über den künftigen »Tittel«.[58] Am 6. September wurde Goethe zum Geheimrat ernannt. Am 18. September 1779 brachen Carl August, Goethe und Kammerjunker von Wedel zu einer Reise in die Schweiz auf, von der sie erst im Januar 1780 zurückkehrten.

Im März desselben Jahres fing Goethe an, »dem Garten das Pachtkleid auszuziehen«. Die »Veränderungen«, die er »nach und nach drinn gemacht« hatte, ließen ihn über die Veränderung seiner Sinnesart nachdenken.[59] Damit meinte er wohl sein eigenes Hauswesen und seine Seßhaftigkeit in Weimar, die er ursprünglich nicht im Sinn gehabt hatte.

Im gleichen Monat säte er Apfelkerne.[60] Am 21. März erhielt Charlotte die ersten Schneeglöckchen, am 14. April die ersten Veilchen[61] (Abb. Seite 29). Mitte Juni klagte er der Freundin: »Meine Rosen blühen nicht auf, meine Erdbeeren werden nicht reif...«[62] Am 26. Juni konnte er ihr endlich mitteilen, daß die Rosen bis unters Dach blühten.[63] Diesen üppigen Blütenflor hatte sicher auch der Gartenschriftsteller Hirschfeld gesehen, der 1782 in seiner »Theorie der Gartenkunst« schrieb: »Die Vorderseite des Wohnhauses war bis zum Dach mit Rosen überzogen, die eben damals in der Blüthe standen, und das schönste und dichteste Rosengeländer bildeten, das man sehen konnte.«[64] Im Sommer genoß Goethe den Duft des Geißblattes, der Rosenblüten und des frischgemähten Grases auf den Wiesen. Er aß selbstgestochenen Spargel und selbstgeerntete Erdbeeren, badete in der Ilm und schlief gelegentlich auf dem Altan. Sein Leben in der Natur wurde immer mehr ein Ausgleich zu den anstrengender und aufreibender werdenden Amtsgeschäften in der Stadt.

Trotzdem reifte in Goethe langsam ein anderer Entschluß heran. Er hatte sich nunmehr entschieden, in Weimar zu bleiben, aber das Gartenhaus war auf die Dauer kein passender ständiger Aufenthaltsort. Seine Sammlungen wurden immer umfangreicher, seine gesellschaftlichen Verpflichtungen immer größer. Eine geräumigere, bequemere Wohnung in der Stadt wurde zur Notwendigkeit. Da bot sich ihm die Möglichkeit, ab Ostern 1782 eine Wohnung im Hause des Regimentsmedikus Helmershausen am Frauenplan zu mieten. Goethe schloß am 14. November 1781 den Mietvertrag ab und genoß wehmütigen Herzens die letzten Monate im »Garten am Stern«.

Der Frühling schenkte ihm wieder seine ersten Blüten. »Die Crokus, Leberblümgen, und das Grün der Stachelbeeren machen sehr freundliche Gesichter«, schrieb er am 7. April 1782 an Charlotte, und am 24. April lud er sie zur Hyazinthenblüte ein.[65] Charlottes Sohn Fritz hatte im Garten eigene Beete; seine Bohnen interessierten Goethe im Mai 1782 mehr als die eigenen Bäume.[66]

Als die Rosen erneut zu blühen begannen, zog Goethe in die neue Stadtwohnung. In der Nacht vom 1. zum 2. Juni schlief er erstmals »hinne«.[67]

DER UNTERE GARTEN
NACH DEM UMZUG AN DEN
FRAUENPLAN

»Wo ich nun in meinem Garten fand,

was ich in der weiten Welt gesucht hatte …«

In den ersten Monaten nach dem Umzug in das Haus am Frauenplan war Goethe noch oft in seinem alten Garten zu finden. Später weilte er, bedingt durch zahlreiche Reisen und längere Aufenthalte in Karlsbad und Jena, meist nur einen geringen Teil des Jahres in Weimar und besuchte seinen »unteren Garten« dann selten oder gar nicht. Trotzdem geriet dieser nie ganz in Vergessenheit. Freunde durften ihn nutzen, in späteren Jahren hielt sich seine Familie dort häufiger auf. Mit zunehmendem Alter und abnehmender Reiselust wurde das Anwesen im Ilmtal Goethe wieder lieber. Wenn es im Haus am Frauenplan gar zu laut zuging, floh er zum Arbeiten und Nachdenken in sein stilles Domizil außerhalb der Stadt.

Seine Tagebucheintragungen belegen diese Wandlung, auch wenn oftmals schwer zu unterscheiden ist, in welchem Garten er war, wenn er lapidar »im Garten« einschrieb. Meist meinte er damit seinen Hausgarten, aber manchmal auch den anderen, der sonst in der Regel als »unterer Garten« bezeichnet wurde.

1782, kurz nach Goethes Wechsel an den Frauenplan, übernachtete Charlotte von Stein einige Male im Gartenhaus. Die Herzogin und ihre Hofdamen nahmen auf dem Altan ihr Frühstück ein oder tranken dort Kaffee. Im Oktober desselben Jahres ließ Goethe auf Charlottens Lieblingsplatz am Hang eine Steintafel mit einer Inschrift anbringen. Neben inniger Liebe und Verehrung spricht aus den Versen ein tiefes, echtes Naturgefühl, das weit entfernt von Empfindelei und Sentimentalität ist:

Hier gedachte still ein Liebender seiner Geliebten;
Heiter sprach er zu mir: Werde mir Zeuge, du Stein!
Doch erhebe dich nicht! Du hast noch viele Gesellen:
Jedem Felsen der Flur, die mich den Glücklichen, nährt,
Jeden Baum des Waldes, um den ich wandelnd mich schlinge,…

Die heute dort aufgestellte Tafel ist eine originalgetreue Kopie (vgl. Abb. Seite 27). Die ursprüngliche war schon vor 1886 zersprungen; Bruchstücke davon fanden sich unlängst im Garten des Pogwischhauses.

Die junge Therese Heyne (spätere Frau Georg Forsters), die im April 1783 Weimar besuchte, schilderte ihren Eltern in einem Brief den folgenden Anblick: »Den Kloster gegenüber hat Goethe einen Garten, wo hinter den Büschen ein simples Haus mit gebleichten Schindeln gedeckt, heraussieht, unter dem Grün macht dies einen lachenden, reizenden Anblick, wenn das glänzend weiße Dach von dem weichen Grün umgeben sich zeigt…«[68] Die zweimalige ausdrückliche Hervorhebung des hellen Schindeldaches deutet darauf hin, daß es wahrscheinlich gerade neu gedeckt worden war.

In den folgenden Jahren fanden »unten« immer wieder kleine Gesellschaften und Feiern statt. Charlotte, die Familie ihres Bruders, die Herzoginmutter, die Familie Wieland, Knebel und viele andere ließen es sich wohl sein in diesem kleinen Paradies.

Für eine besondere Passion Goethes gewann der Garten zunehmend an Bedeutung: Er wurde botanisches Beobachtungsfeld und lieferte Anschauungs- und Versuchsmaterial für seine Pflanzenstudien. Goethe wollte dem Wandel in der Gestalt der Gewächse und den Ursachen für diese Veränderungen auf die Spur kommen. Er war der Überzeugung, daß »die mannigfaltigen, besonderen Erscheinungen des herrlichen Weltgartens auf ein allgemeines, einfaches Prinzip zurückzuführen seien«[69]. Zu Studienzwecken fertigte er viele detaillierte Pflanzenzeichnungen an (Abb. Seite 38) und tapezierte sogar ein Zimmer seines Gartenhauses mit Papierbahnen, auf denen tabellarisch nach dem Linnéschen System geordnet deutsche und lateinische Pflanzennamen standen, die er so im Umhergehen lernen konnte. (Dieser »Zimmerschmuck« ist leider nicht erhalten geblieben.) Er beschäftigte sich jetzt so intensiv mit dem Pflanzenreich, daß es in seinem »Gemüthe« raste und er es »nicht einen Augenblick loswerden« konnte.[70] Mit Hofgärtner Reichert, der ihm gelegentlich im Garten half, konnte er ebenfalls »allerley botanica… tracktiren.«[71] Daß sein Mühen Erfolg zeigte, beweist eine Mitteilung an Charlotte, der er am 15. Juni 1786 aus Ilmenau schrieb: »Wie lesbar mir das Buch der Natur wird kann ich dir nicht ausdrücken, mein langes Buchstabieren hat mir geholfen, ietzt ruckts auf einmal… So viel neues ich finde, find ich doch nicht unerwartetes es passt alles und schliest sich an, weil ich kein System habe und nichts will als die Wahrheit um ihrer selbst willen.«[72]

Am 3. September 1786 morgens 3 Uhr brach Goethe von Karlsbad zu seiner Italienreise auf. Unter der südlichen Sonne und inmitten der üppigen mediterranen Vegetation gewann er letzte Klarheit in seinen botanischen Überlegungen. Zurückgekehrt nach Deutschland, veröffentlichte er sie Ostern 1790 in seinem Werk »Versuch die Metamorphose der Pflanze zu erklären«. Er brachte alles auf die einfache Formel: »Alles ist Blat. und durch diese Einfachheit wird die größte Mannigfaltigkeit möglich.«[73]

Während der fast zweijährigen Abwesenheit des Dichters verwaiste sein Garten keinesfalls. Schon im Oktober 1786 zog Knebel in das Gartenhaus ein, und er verbrachte auch den Winter des folgenden Jahres dort. Goethe schrieb ihm am 21. Dezember 1787 aus Rom: »Wie sonderbar kommt es mir vor, dich in meinem Garten zu dencken…«[74]

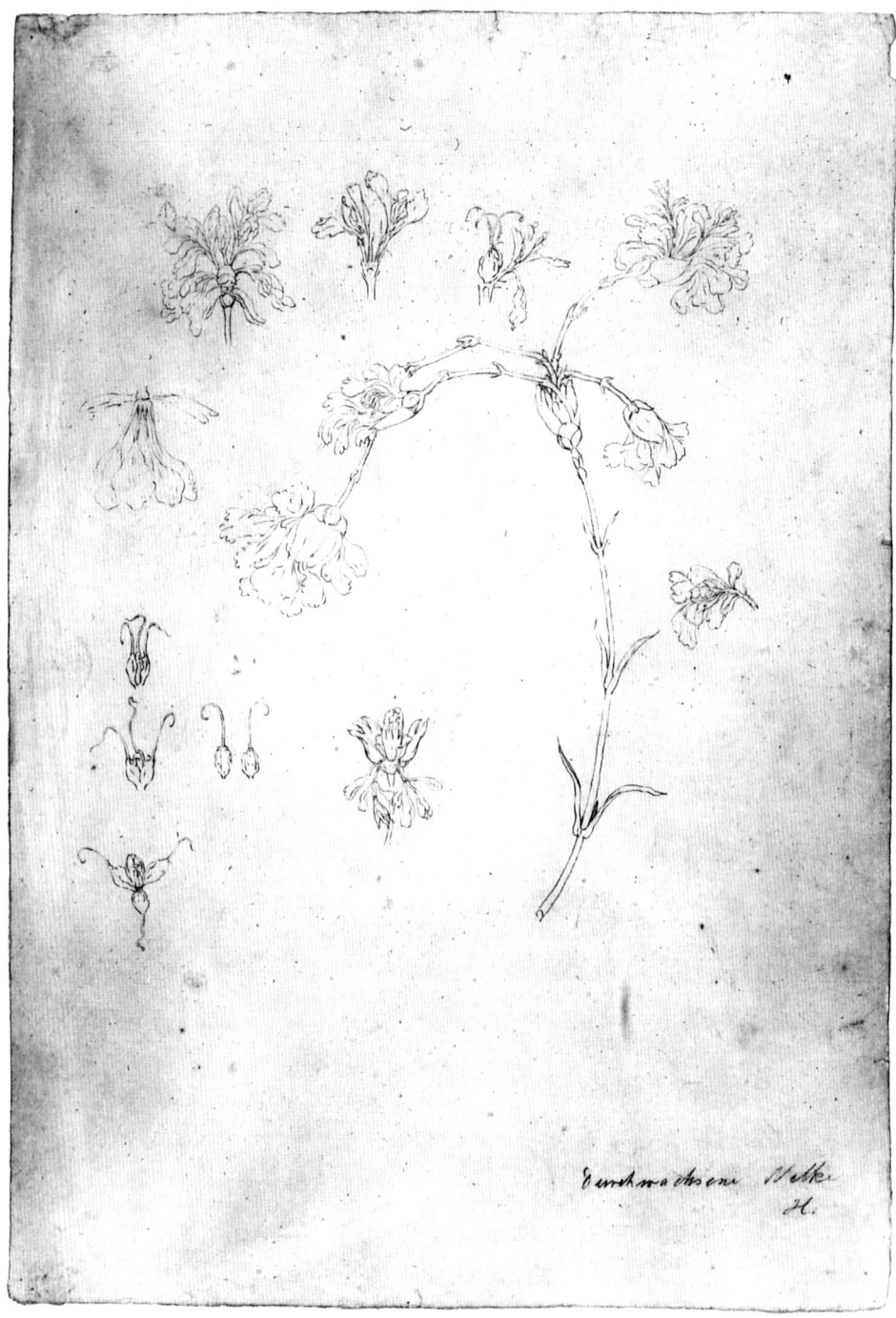

Durchwachsene Nelke.
Bleistiftzeichnung von Johann Wolfgang Goethe, 1787.
Stiftung Weimarer Klassik, Goethe-Nationalmuseum, Goethes Kunstsammlungen,
Corpus V b, 67, Inv.-Nr. 1738

Im April 1787 ließ Knebel den Altan ausbessern. Der Geburtstag des Hausherrn im August wurde in froher Runde im Garten begangen. Friedrich Schiller, der damals gerade in Weimar weilte, nahm als Kavalier Charlotte von Kalbs an der Festlichkeit teil und berichtete seinem Freund Körner in Dresden: »Wir fraßen herzhaft, und Goethens Gesundheit wurde von mir in Rheinwein getrunken. Schwerlich vermutet er, daß er mich unter seinen Hausgöttern habe, aber das Schicksal fügt die Dinge gar wunderbar. Nach dem Souper fanden wir den Garten illuminiert, und ein ziemlich erträgliches Feuerwerk machte den Beschluß.«[75]

Am 18. Juni 1788 kehrte Goethe aus Italien nach Weimar zurück. In vielem war er ein anderer geworden und fühlte sich anfangs fremd in seiner alten Heimat. Vor seiner Rückkehr hatte er zur Bedingung gemacht, daß er fortan von allen amtlichen Geschäften entbunden werde, damit er sich ganz der Kunst und der Naturwissenschaft widmen könne, was nicht hieß, daß er fürderhin ohne Pflichten blieb. Er übernahm in der Folgezeit unter anderem die Leitung des Weimarer Hoftheaters und der herzoglichen Bibliothek, wurde Mitglied in der Schloßbaukommission und wirkte 1794 an der Begründung des Botanischen Gartens in Jena mit.

Sein Gärtchen wurde ihm wieder ein lieber Aufenthalt. Kurz nach seiner Rückkunft von Italien hatte er während eines Spazierganges im Park Christiane Vulpius kennengelernt und sich bald darauf mit ihr verbunden. Das Gartenhaus war der Ort ihres heimlichen, aber schon bald entdeckten Liebesglücks. Als eines Tages der junge Fritz von Stein dorthin ging und sich im Haus allein glaubte, »begegnet ihm ein kleines korpulentes Frauenzimmer, welche auch daselbst zu Hause sein vermeint«: »Jenes Frauenzimmer war die Mademoiselle Vulpius, Goethes spätere Gemahlin.«[76]

Christiane mit ihrem praktischen Verstand übernahm in den folgenden Jahren mehr und mehr die Sorge für das Hauswesen und die Gärten. Nachdem Goethe zwischenzeitlich im Jägerhause gewohnt hatte, wurde das stattliche Gebäude am Frauenplan nebst Garten und Nebengelaß 1794 sein Eigentum – ein breites Betätigungsfeld für Christiane, zumal Goethe selten zu Hause weilte und inzwischen, im Jahre 1789, der Sohn August geboren worden war.

Der »untere Garten« wurde jetzt mehr nach wirtschaftlichen Gesichtspunkten bearbeitet und als Lieferant von Obst, Gemüse und Heu genutzt. Christiane erhielt dabei Hilfe vom Goetheschen Hausgärtner, ab und zu vom Belvederer Hofgärtner und gelegentlich zusätzlich von Tagelöhnern, die vor allem bei schweren, aufwendigen Arbeiten wie Umgraben, Rigolen oder Wegeabsanden mitwirkten. Daß es in Anbau- und Kulturfragen zwischen den Gärtnern auch zu Meinungsverschiedenheiten kam, teilte Christiane dem Gefährten in einem ihrer Briefe mit, wie sie ihm überhaupt während seiner häufigen Abwesenheiten von Weimar brieflich in rührender Weise ihr häusliches Tun und Mühen beschrieb.[77] In ihren Schilderungen erwähnte sie wiederholt den »unteren Garten«, zum Beispiel 1793 die besonders schöne Rosenblüte und die gute Kirschenernte.[78] Im April 1795 versprach Christiane, Blattkohl (Mangold) von den zwei Beeten am

Altan zu ernten und zuzubereiten.[79] Goethes Vorliebe für Spargel wurde schon erwähnt. Der Anbau dieses feinen Gemüses im »unteren Garten« war eine Selbstverständlichkeit.

Auch 1799 scheint ein gutes Obstjahr gewesen zu sein. Diesmal berichtete Sohn August dem Vater: »Gestern schüttelten wir viele Zwetschchen und legten sie ins Gartenhaus auf Stroh. Wir haben nur noch einen Aepfel- und einen Birnbaum abzunehmen.«[80] 1802 ließ eine üppige Baumblüte Christiane so viel Obst erwarten, daß man nicht wissen werde, »wohin damit«[81]. Im Juni 1810 erfroren durch einen starken Nachtfrost, Bohnen und Gurken. Christiane entmutigte dies nicht, sie legte neue und schaute vorsichtshalber auch nach ihren Kartoffeln. Doch diese hatten den Frost schadlos überstanden: Sie »sind so groß und stehen so schön, daß es würklich eine Freude ist, sie anzuschauen. Doch scheint es, als hätte der Türkische Waizen [Mais] etwas gelitten. Heute fängt es an bei uns sehr schön zu werden, und ich finde es hier in meinem Häuschen recht vergnüglich und liebenswürdig.«[82] Am 13. und 15. April 1812 vermerkte Goethe in seinem Tagebuch das Legen von »fremden Kartoffeln« im »unteren Garten«.[83]

Von den Blumen des Gartens war im Briefwechsel zwischen Christiane und Goethe wesentlich weniger die Rede. Im März 1810 sandte Goethe »einen ganzen Kasten voll köstliche, gefüllte Federnelken«, die sie »nicht zu nahe aneinander pflanzen« sollte.[84] Im April 1812 schickte er »Reseda-Same in Menge«, aber nur sehr wenig Stiefmütterchensamen, »weil er selten ist«. Christiane riet er: »Laß also den Raum unter dem Steine gegen der Gartenthür über graben, von Unkraut reinigen und recht sauber zurechte machen, und besäet ihn weitläuftig mit dem Wenigen...« Im Herbst würden sich die Stiefmütterchen dann selbst aussamen.[85] Die Gartenstiefmütterchen (Viola x wittrockiana), von denen hier die Rede ist, waren damals noch eine Rarität, gerade erst durch Kreuzung gezüchtet worden. Durch die Ortsangabe im Brief läßt sich lokalisieren, wo die Samen ausgesät werden sollten.

Die Reseda (Reseda odorata), eine ihres Duftes wegen geschätzte, ansonsten unscheinbare Blume genoß offenbar »Hausrecht« in Goethes Garten. Im September 1811 teilte Charlotte von Stein Goethe mit: »Gestern habe ich mir aus Ihrem Garten einige Reseda geholt, mich einige Minuten in Ihrer Hütte an der Sonne gewärmt...«[86]

Goethes Sohn August hatte wie einst Fritz von Stein ein eigenes Gärtchen. In den Zettelchen an den Vater, die den Briefen seiner Mutter beilagen, erzählte er oft davon. Im März 1798 zum Beispiel spielte er erst im unteren Garten mit zwei Freunden Ball, dann wurden Veilchen gesammelt, und »hierauf bewaffneten wir uns mit Rechen und Hacken und fingen an, mein kleines Gärtchen von Laub und Unkraut zu reinigen, so daß es nun recht hübsch aussieht«[87]. Ein anderes Mal baute der Diener Götze an den Birnbaum ein improvisiertes Denkmal aus Steinbrocken. Auch von einem Blockhäuschen, worin August einmal ein Wasserhuhn hielt, und später von Mohn, den er um seine Hütte gesät hatte, war die Rede.[88] In welcher Ecke des Gartens sich Augusts Beete befanden, läßt sich heute nicht mehr mit Bestimmtheit sagen.

Blick über die Ilmwiesen zu Goethes Gartenhaus.
Sepiazeichnung von Georg Melchior Kraus, 1793.
Stiftung Weimarer Klassik, Goethe-Nationalmuseum, Grafische Sammlungen

1793 pachtete Herzog Carl August den Garten am Stern als Sommeraufenthalt und Spielplatz für seine Kinder. Zwei Jahre später beabsichtigte er, das Goethesche und das benachbarte Schmidtsche Anwesen zurückzukaufen und dem Park anzugliedern, um die Gestaltung des Nordosthanges abzurunden. Christiane bestand jedoch auf einem Grundstückstausch, der nicht zustande kam. Auch Schmidt konnte sich nicht von seinem Garten trennen.

Eine Federzeichnung von Georg Melchior Kraus aus dem Jahre 1793 zeigt den Blick über die Ilmwiesen zum Gartenhaus und vermittelt etwas von der heiterländlichen Stimmung, die damals dort herrschte (Abb. oben). Bei dem einzeln vor dem Altan stehenden Baum kann es sich um die sogenannte Altansbirne handeln.[89] Eigenartigerweise ist die Fassade des Hauses kahl und ohne die vielgerühmten Rosen dargestellt. Da in einer Anweisung von 1796 gefordert wird: »Rosen sind ans Haus zu setzen«[90], liegt die Vermutung nahe, daß das Rosengebüsch zwischenzeitlich entfernt worden war.

Das soeben zitierte Gartenmemorandum enthielt genaue Anweisungen, »was im Garten zu besorgen ist«. Da es wichtige Details vermittelt, sei es im Wortlaut abgedruckt:

1. Auf das Spargelland ist etwas feiner Sand zu fahren, daß er mit untergegraben wird.
2. Das Spargelland ist noch bis an den Schmidtischen Zaun fortzusetzen.

3. Der Busch unterhalb des Hauptweges ist auszurothen und in den Zaun an die fehlende Stelle zu setzen.

4. Was vom oberen Busch niederzuschlagen ist, will ich noch selbst angeben.

5. Rosen sind ans Haus zu setzen.

6. Der Zaun ist völlig in Ordnung zu bringen.

7. Die Rabatten sind mit dem übrigen Land in Eins zu graben, man könnte vielleicht etwas gute Erde Fahren um das Ganze zu erhöhen.

8. Johannis- und Stachelbeerbüsche kommen in den Stadtgarten.

9. Kirsch- und andere Bäume werden auf den Berg versetzt.

10. Die Graseinfassung kommt vom Hauptweg weg. Es wird statt dessen Timian [Thymian] Lavendel oder sonst etwas eingesetzt.

11. Es ist für Mist um die Bäume und für Mist in das Land zu sorgen.

12. Das Loch in dem Zaun gegen Schmidts zu unten in dem abgeschnittenen Eckchen ist wieder zuzumachen.

13. Das Gras im Pflaster um das Haus ist zu vertilgen.

14. Für Hopfenpflanzen ist bei Zeiten zu sorgen.[91]

1796 tätigte Christiane einen weiteren Landkauf. Für 60 Reichstaler erwarb sie ein »Krautland« am Lottebach in der Nähe von Knebels Garten. Hier wurden, wie der Name schon sagt, die »gröberen Gemüse« angebaut.[92]

Im März 1798 kaufte Goethe ein Gut in Oberroßla bei Apolda, zu dem ebenfalls Gartenland gehörte. Er wollte damit einen Teil seines Vermögens anlegen, aber auch selbst, wie Wieland in Oßmannstedt, sommers das Landleben genießen. Das Gut warf nicht den gewünschten Ertrag ab. Es gab Streit mit dem Pächter, und so wurde es fünf Jahre später wieder veräußert.

1797 ließ Goethe den Altan am Gartenhaus abreißen. Er war desolat und für die Bewirtschaftung nicht mehr nötig. Statt dessen richtete man auf der sonnigen Südseite eine Terrasse ein, auf der zeitweise eine Stellage mit Blumentöpfen und »zärtlichen Gewächsen« stand. Auch ein Weinstock wurde wieder angepflanzt.

Im gleichen Jahr äußerte Schiller die Absicht, von Jena nach Weimar zu ziehen und sich im Gartenhaus einzumieten. Goethe riet jedoch ab, da es nur ein bequemer Sommeraufenthalt für wenige Personen sei. »Da ich selbst so lange Zeit darinne gewohnt habe und auch Ihre Lebensweise kenne, so darf ich mit Gewißheit sagen daß sie darin nicht hausen können, um so mehr als ich Waschküche und Holzstall wegbrechen lassen, die einer etwas größeren Haushaltung völlig unentbehrlich sind.«[93]

Zwei Jahre darauf, vom 31. Juli bis 15. September 1799, wohnte Goethe selbst wieder einmal länger im unteren Garten. Er überarbeitete hier in der ersehnten Ruhe seine Gedichte für den 7. Band der »Neuen Schriften«, bereitete Briefe Winckelmanns zum Druck vor, beschäftigte sich mit den eingesandten Arbeiten zur Preisaufgabe für bildende Künstler und leitete die Arbeiten beim Wiederaufbau des Schlosses. Da er diesmal aus dienstlichen Gründen nicht von Weimar wegkonnte, aber absolute Einsamkeit wünschte, mußten die Seinen nach Jena

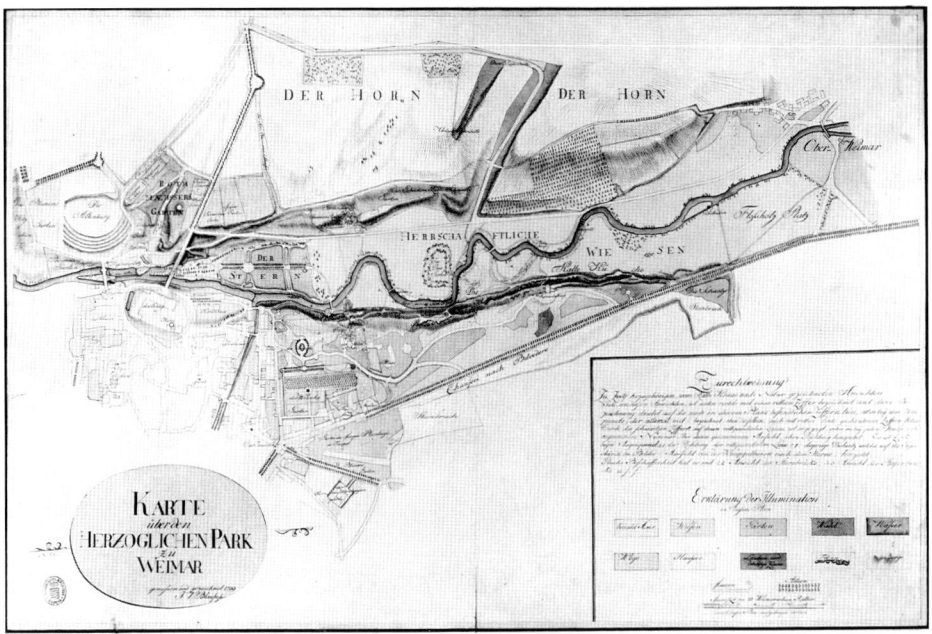

Karte über den Herzoglichen Park zu Weimar.
Gemessen und gezeichnet von Johann Valentin Blaufuß, 1799.
Stiftung Weimarer Klassik, Herzogin Anna Amalia Bibliothek

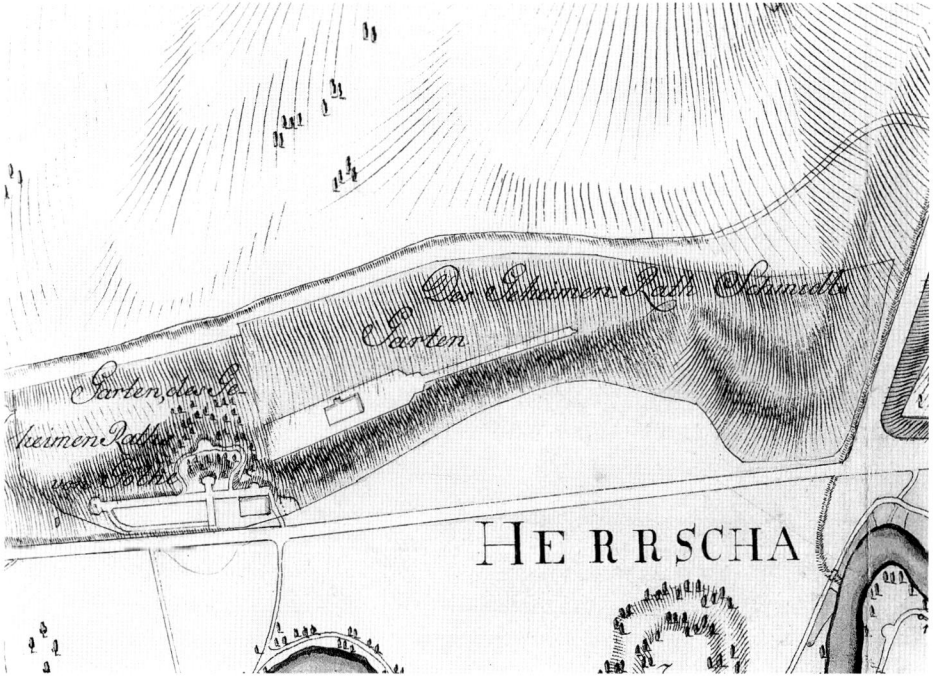

Ausschnitt aus der Karte von Johann Valentin Blaufuß mit Goethes Garten

Der umgestürzte Wacholder in Goethes Garten.
Zeichnung von Franz Horny, 1809.
Stiftung Weimarer Klassik, Goethe-Nationalmuseum, Goethes Kunstsammlungen

weichen. Nachts und morgens machte er sich »mit dem Monde, so viel es die Witterung zuließ, bekannt« und benutzte dazu ein »Auchisches Telescop«.[94]

Auch seinen 50. Geburtstag feierte er hier »unten«. »Ich habe sechs Wochen in meinem alten Garten zugebracht, der jetzt, bey einer Veränderung die mit dem sogenannten Stern vorgenommen worden [die Zuschüttung des Floßgrabens] viel gewonnen hat und angenehm zu bewohnen ist. Ich muß nur erst das nächste Frühjahr die Wildniß ein wenig bändigen, denn die Bäume und Sträuche, die vor 20 Jahren gesetzt worden, haben dem Boden und dem Hause Licht und Luft fast weggenommen. So kommt es wohl manchmal daß uns unsere eigne Wünsche über den Kopf wachsen«[95], schrieb er rückblickend an Knebel.

Von jenem zu dichten Gehölzbewuchs ist auf dem Parkplan von Johann Valentin Blaufuß aus dem Jahre 1799 nichts zu sehen. Der Plan geht nicht ins Detail, zeigt aber noch die ursprüngliche Wegeführung, die den oberen Hangbereich ausspart. Das Nutzland und die Obstwiese sind ohne Signatur. Der parkartige Teil oberhalb des Hauses ist durch Bäume gekennzeichnet und korrespondiert dadurch mit dem umgebenden Park (Abb. Seite 43).

Gestürzter Wacholder mit einer von Goethe entworfenen Unterschrift von 1819.
Kolorierte Zeichnung von Adolph Friedrich Temler zwischen 1808 und 1819

Die meisten dieser Gehölze hatte Goethe pflanzen lassen. Ein alter, zweistäm-
miger Wacholder (Juniperus) nahe der Nordostecke des Hauses stand schon vorher dort. Der Platz unter seiner Krone war einer von Goethes Lieblingsplätzen.
Hier hat er gelesen, gezeichnet, geträumt. »Heut will ich in die Wüste fliehen,
mich lagern unterm Wacholderbaum«, schrieb er bereits Anfang Juni 1777 an
Charlotte.[96] Ein gewaltiger Sturm in der Nacht vom 30. zum 31. Januar 1809
stürzte den Wacholder um. Am 4. Februar besahen Goethe, seine Familie, die
Professoren Meyer und Voigt sowie der berühmte Naturforscher Professor Oken,
der gerade bei Goethe zu Gast weilte, den gefallenen Baum. Der gerade elfjährige
Franz Horny hielt das Ereignis in einer Zeichnung fest (Abb. links) und aus dem
gesunden Holz wurden verschiedene Kleinigkeiten gefertigt. Es gibt noch eine
zweite, spätere Darstellung des liegenden Wacholders von Adolph Temler, zu der
Goethe im Jahre 1819 eine Bildunterschrift entwarf (Abb. oben). Dazu ist unter
dem 29. März 1819 in seinem Tagebuch vermerkt: »Die Explication unter die Abbildung des vormals im untern Garten gestandenen großen Wachholderbaums
gesetzt.«[97]

Zwischen 1807 und 1811 war Bettina Brentano (seit 1811 verehelichte von Arnim) einige Male in Goethes Anwesen an der Ilm zu Gast. In ihrem Buch »Goethes Briefwechsel mit einem Kinde« schilderte sie in enthusiastischer Weise seinen »duftenden« Garten und beschrieb die Stimmung, in welche sie dort verfiel.

Der alternde Goethe verreiste nun nicht mehr so viel und so weit. Nach Jena jedoch fuhr er noch sehr oft. Dienstliche Verpflichtungen in der »Oberaufsicht über die unmittelbaren Anstalten für Wissenschaft und Kunst«, aber auch seine botanischen Forschungen und seine Studien auf den Gebieten der Geologie, Mineralogie und Farbenlehre führten ihn dorthin. In Jena hatte er für diese Themen kompetente Gesprächspartner und konnte freundschaftlichen Gedankenaustausch pflegen. Eine Reihe seiner Jenenser Freunde und Bekannten, wie Wedel, Harras, Griesbach, Seebach, Blumenbach, besaßen große Privatgärten mit interessanten und seltenen Gewächsen. Eine besondere Pflanze oder Blüte war willkommener Anlaß für einen Besuch bei ihnen.

Aber auch die immer reichhaltiger werdende Pflanzensammlung in den Belvederer Treibhäusern zog Goethe oft an. Hier traf er sich mit seinem fürstlichen Freund Carl August, der ebenfalls botanisch interessiert war und die Zucht und Anschaffung neuer Pflanzen großzügig förderte und unterstützte. Goethe setzte sich 1820 sehr für die Herausgabe des belvederischen Pflanzenkatalogs »Hortus Belvedereanus« ein. Er verhandelte deswegen mit Bertuch, in dessen Verlag der Katalog erschien, und besprach mit Professor Dennstedt, dem Autor, Einzelheiten der Vorrede.

Häufig ging oder fuhr Goethe auch im Park spazieren und besuchte zum Beispiel einen besonders schönen Blumenflor am Römischen Haus oder am Salon. Auf dem Hin- oder Rückweg machte er dann auch des öfteren Station im unteren Garten. Manchmal wurde dort Kaffee getrunken, oder Goethe sah bei der Obsternte zu, wie am 28. September 1812, als gerade Äpfel abgenommen wurden.[98] Dabei begleitete ihn oft sein inzwischen erwachsener Sohn, der nach und nach in die wirtschaftlichen Angelegenheiten der Familie eingeführt wurde.

Am 6. Juni 1816 traf Goethe ein schwerer Schlag. Seine Frau Christiane, die ihm seit 1806 auch offiziell angetraut war, starb nach schwerer Krankheit. Der Goetheschen Wirtschaft fehlte fortan die umsichtige Hausfrau, denn Ottilie von Pogwisch, die ein Jahr später als Augusts Ehefrau in das Haus am Frauenplan einzog, hatte andere Ambitionen. Sie war eine Enkelin von Goethes »unterer« Nachbarin, der Gräfin von Henckel-Donnersmarck, und mehr der Musik, den Künsten und anderen schöngeistigen Dingen zugetan. August, der den praktischen Verstand seiner Mutter geerbt hatte, kümmerte sich um viele häusliche Angelegenheiten und hatte eine Zeitlang auch die Gärten unter seiner Regie. Er war Mitglied im »Landwirtschaftlichen Verein« Weimars; in seinem Nachlaß finden sich interessante Schriftstücke zum Beispiel über den Spargelanbau und die Einführung des Meerkohls in hiesige Gefilde. Als »Cammerrath« hatte er auch umfangreiche Pflichten bei Hofe zu erfüllen.

Von 1817 bis 1822 führte August von Goethe ein Gartentagebuch, in dem er vermerkte, was jährlich im oberen und unteren Garten geschah.[99] Die Barometerstände, Wetterbeobachtungen, außergewöhnliche klimatische Ereignisse und pflanzenphänologische Daten zeichnete er ebenfalls auf.

Der Gemüseanbau ging offensichtlich in beiden Gärten zurück, teils weil nicht mehr so viel im Hause benötigt wurde, teils weil, wie im unteren Garten, der Schattenwurf der herangewachsenen Bäume sehr lang und dicht geworden war. Ein Teil der Beete wurde deshalb in Grasland umgewandelt. Auf den Spargelanbau verwandte man jedoch weiterhin alle Sorgfalt. In Augusts Aufzeichnungen nimmt diese Kultur für beide Gärten breiten Raum ein. Es wird von immer neuen Spargelanlagen berichtet, wie zum Beispiel im März 1821, als »die Spargelpflanzen auf die dazu bereiteten 20 Beete gelegt« wurden. »Die Pflanzen zu den 4 ersten Beeten hatten wir selbst im unteren Garten gezogen. Sie waren sehr schön...«[100] Auch die reichlich ausfallende Spargelernte notierte er jedes Mal.

Im unteren Garten spielte die Anzucht von Obst nach wie vor eine wichtige Rolle. So wurden im Spätherbst 1819 sämtliche abgängige Obstgehölze auf der obersten Wiese abgeschlagen und im Frühjahr des nächsten Jahres neue Apfel-, Birnen und Zwetschenbäume gesetzt, die man bei Gärtner Harras in Jena gekauft hatte. Die Pflaumenbäume wurden in Mellingen erworben. Dem Gartentagebuch liegen Angebotslisten von Harras bei, die belegen, daß man damals bei ihm unter 80 Apfelsorten auswählen konnte. Einige auch heute noch bekannte oder besonders originelle seien hier erwähnt: verschiedene Renettensorten, Holländischer Krohnenapfel, Römischer Pfingstapfel, Roter Borsdorfer, Kleiner und Großer Hasenkopf, Erdbeerapfel, Rosenapfel, Pauliner, Großer Würzapfel, »Seidenhemdgen« und »Veilgen Apfel«. Ein weiteres Verzeichnis weist 16 Birnensorten aus, unter anderem Kleine und Große Muskatellerbirne, Große Tafelbirne, Graue Butterbirne, Winter- und Sommerbergamotte. Im Herbst 1820 wurden die neuen Bäume mit Fichtenreisig aus dem Ettersburger Forst eingebunden. Schon am 1. November fiel in jenem Jahr der erste Schnee, und am 16. früh zeigte das Thermometer 16 Grad Kälte.

In Augusts Aufzeichnungen für 1820 steht des weiteren geschrieben: »Die Kartoffelernte geriet auf dem umgegrabenen Rasen sehr gut und es wurden ca. 60 Körbe geerntet.«[101] Man wechselte die Anbauflächen und beachtete dabei die sich ändernden äußeren Bedingungen. So wurde umgekehrt das »Quartier des untersten Reviers links des Hauseingangs... so weit der Schatten der Bäume kriecht mit Rasen angesät und die Blumentische in die Mitte gebracht«[102]. Die restliche Fläche bereitete man für die 1821 erwähnten 20 Spargelbeete vor.

Auch das Heu war ein wirtschaftlicher Faktor. Im Sommer 1820 zum Beispiel wurden 15 Reuter voll geerntet und davon im März des darauffolgenden Jahres 10 verkauft. Grummet gab es wegen der großen Dürre nicht. 1821 konnte an den drei einzigen schönen Tagen im Juni wiederum eine gute Heuernte eingebracht werden. Das Wetter war in diesem Jahr offensichtlich sehr extrem. Goethes Sohn notierte für Ende April 22 Grad Wärme, für den Juni dagegen Nachtfröste, so daß Gurken und Kartoffeln erfroren. Am 20. Juli blühten die Bohnen noch nicht. Regelmäßig berichten Notizen darüber, daß die Ländereien gedüngt wurden. Besonders für den Spargel mußte viel Mist angefahren werden. All diese Gartenarbeiten erledigte seit 1817 der Gärtner Köhler aus Taubach. Für den oberen Garten war er fest angestellt, den unteren bearbeitete er im Tagelohn.

Das Jahr 1822 begann mit warmen Monaten, so daß die Monatsrosen im Lande grünten und am 17. Februar schon die ersten Schneeglöckchen blühten. Der Sommer war sehr heiß, und bis in den Dezember hinein gab es keinen Frost. So konnte reichlich Bohnen-, Gurken-, Salat- und verschiedener Blumensamen geerntet werden. Dann kam ein langer, strenger Winter. Erst am 17. März 1823 war das erste Schneeglöckchen und am 28. März der erste Krokus im unteren Garten zu sehen. Dort wurden im gleichen Monat fünf hochstämmige Aprikosen- und drei Walnußbäume gepflanzt. Für 1823 hielt August fest, daß es ein schlechtes Gartenjahr gewesen sei und es wenig Obst gegeben habe. Danach werden seine Aufzeichnungen lückenhaft und brechen dann ganz ab. Für den Februar 1825 sind noch einmal das Düngen des Spargels, das Abschlagen von alten Obstbäumen und das Pflanzen von drei neuen vermerkt.

Zwischen 1817 und 1822 schritt auch die weitere Ausgestaltung des unteren Gartens fort. August notierte dazu: »Im unteren Garten war den ganzen Winter über wenn es die Witterung erlaubte an den Weg gearbeitet worden, welcher längs des oberen Zaunes hinlaufen soll, auch wurde in der Mitte ein Rondell angelegt, drey Acazienbäume [Robinien] darauf gepflanzt.«[103] Diese Bäume existierten bis 1908 beziehungsweise 1920. Im März des folgenden Jahres wurden die Wegebauarbeiten in Richtung des Donnersmarckischen Hauses fortgesetzt.

Grundriß von der Herzoglich Sächsischen Residenzstadt Weimar,
Ausschnitt mit dem Goethegarten.
Aufgenommen, berechnet und gezeichnet von Johann Valentin Blaufuß, 1818 bis 1822.
Thüringisches Hauptstaatsarchiv, Weimar

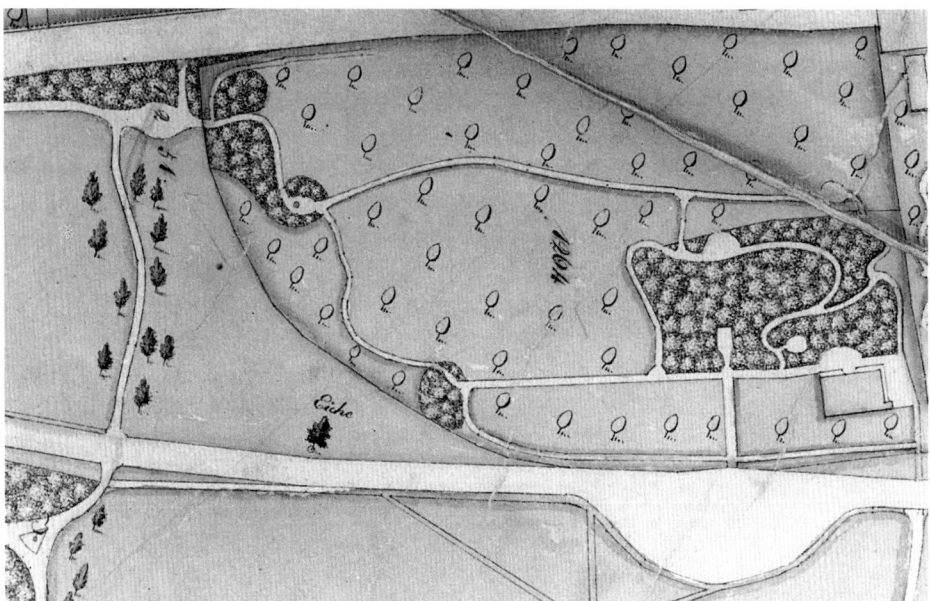

Auf dem sehr genauen und zuverlässigen Stadtplan von Johann Valentin Blaufuß aus den Jahren 1818 bis 1822 (Abb. links) erkennt man bei genauem Hinsehen am oberen Zaun tatsächlich einen angefangenen Weg. Da sich Blaufuß'
Vermessungen im Stadtgebiet über vier Jahre hinzogen, hatte er wohl schon vor
1820 den unteren Garten aufgenommen, denn das erwähnte »Acazienrondell« ist
auf dem Plan nicht zu sehen. In Goethes Tagebuch findet sich unter dem 1. April
1819 die Notiz: »Inspector Blaufuß maß darin, zur Vorbereitung des Plans der
Stadt.«[104] Dies bezog sich zwar auf den Hausgarten, aber vielleicht nahm sich
Blaufuß im gleichen Jahr auch den anderen Garten vor. Legt man diesen Stadtplan neben den von 1799, so ist zu erkennen, daß seitdem weitere Wege hinzugekommen waren, die den gesamten Hangbereich erschlossen und ein bequeme-
res Spazieren ermöglichten. Gerade vom oberen Hang hat man auch heute noch
einen herrlichen Ausblick ins Ilmtal. Der Weg entlang dem unteren Zaun war
ebenfalls in Richtung Haus verlängert worden. Da der Altan nicht mehr stand,
konnte man auch über die Terrasse zum Hauseingang gelangen. In der linken
oberen Gartenecke führte eine dritte Pforte hinaus in den Park beziehungsweise
zur Straße am Horn. Das dichtumpflanzte Rondell dort erscheint wie der Schluß-
punkt des langen Gehölzstreifens, der die Parkanlage gegenüber der Chaussee
abgrenzen sollte. Die mächtige Linde, die noch heute neben dem Schlangenstein
wächst, ist sicher ein letzter Rest der ursprünglichen Bepflanzung.

Der Plan von Blaufuß veranschaulicht, daß Goethes Garten trotz aller Aus-
grenzung in gestalterischer Hinsicht in den Park integriert war. Die Verteilung
der dichten, parkartigen Gehölzpartien zeigt dies deutlich.

Im wesentlichen entspricht das heutige Wegesystem des Gartens noch dem von
1825. Lediglich der am oberen Zaun entlangführende Pfad ist wieder verschwunden. Dort ist der Garten jetzt relativ dicht abgepflanzt, um die spätere
Bebauung des Horns etwas zu verdecken und das Anwesen gegen den stärkeren
Verkehr auf der Straße abzuschirmen.

Von all den angeführten Maßnahmen und Ereignissen im »alten Garten« ist in
Goethes Tagebüchern wenig zu finden. Lediglich am 30. März 1820 vermerkte
er: »Nach Tische in dem untern Garten die neue Pflanzung besehen.«[105] Damit
meinte er sicher die Obstbaumpflanzung auf der oberen Wiese. Ansonsten erwähnte er gelegentlich nur, daß er eine Spazierfahrt nach Oberweimar oder zum
Webicht unterbrach und kurz am unteren Garten ausstieg.

Häufige Begleiter während dieser Ausfahrten waren sein ältester Enkel
Walther, seine Schwiegertochter Ottilie, deren Schwester Ulrike und die Profes-
soren Meyer und Riemer. Manchmal weilte Goethe mit Gästen im Gartenhaus.
Sein Berliner Freund, der Komponist Karl Friedrich Zelter, der Geheime Rat
Wolf und die schöne Generalin Rapp, zu deren Ehren ein Frühstück gereicht
wurde, seien hier genannt.

Am 16. März 1824 ließ Goethe das Haus öffnen, lüften und reinigen, blieb aber
dann doch nicht dort, weil ihn, wie er Kanzler Friedrich von Müller gestand,
»Apprehensionen« stören würden. »Die alten, selbstgepflanzten Bäume, die alten Erinnerungen machten ihm aber ganz unheimliche Eindrücke oft.«[106]

DER GARTEN IN GOETHES
LETZTEN LEBENSJAHREN

» ... eine Stille herrscht, von der die Alten sagen
würden: daß der Pan schlafe. «

Ein angenehmeres Bild läßt Johann Peter Eckermann, der sechs Tage später mit Goethe in den unteren Garten fuhr, vor unseren Augen entstehen. Eckermann weilte seit dem Juni 1823 in Weimar. Jetzt, im Frühling 1824, besuchte er erstmals das Anwesen im Ilmtal. Nach einer genauen Beschreibung der Lage des Grundstücks und des Inneren des Häuschens schilderte er folgendes:

»Bald jedoch kehrte unsere Aufmerksamkeit auf die uns umgebende nächste Natur zurück. Die Kaiserkronen (Abb. Seite 28) und Lilien sproßten schon mächtig, auch kamen die Malven zu beiden Seiten des Weges schon grünend hervor.

Der obere Teil des Gartens, am Abhange des Hügels, liegt als Wiese mit einzelnen zerstreut stehenden Obstbäumen. Wege schlängeln sich hinauf, längs der Höhe hin und wieder herunter, welches einige Neigung in mir erregte, mich oben umzusehen. Goethe schritt, diese Wege hinansteigend, mir rasch voran, und ich freute mich über seine Rüstigkeit....

An der anderen Seite den sich schlängelnden Weg herabkommend, fand ich von Gebüsch umgeben einen Stein mit den eingehauenen Versen des bekannten Gedichtes:

Hier im Stillen gedachte der Liebende seiner Geliebten – und ich hatte das Gefühl, daß ich mich an einer klassischen Stelle befinde.

Ganz nahe dabei kamen wir auf eine Baumgruppe halbwüchsiger Eichen, Tannen, Birken und Buchen....

Wir traten um die Baumgruppe herum und befanden uns wieder an dem Hauptwege in der Nähe des Hauses. Die soeben umschrittenen Eichen, Tannen, Birken und Buchen, wie sie untermischt stehen, bilden hier einen Halbkreis, den innern Raum grottenartig überwölbend, worin wir uns auf kleinen Stühlen setzten, die einen runden Tisch umgaben. Die Sonne war so mächtig, daß der geringe Schatten dieser blätterlosen Bäume bereits als eine Wohltat empfunden ward. ›Bei großer Sommerhitze‹, sagte Goethe, ›weiß ich keine bessere Zuflucht als diese Stelle. Ich habe die Bäume vor vierzig Jahren alle eigenhändig gepflanzt, ich habe die Freude gehabt, sie heranwachsen zu sehen, und genieße nun schon seit geraumer Zeit die Erquickung ihres Schattens. Das Laub dieser Eichen und

Buchen ist der mächtigsten Sonne undurchdringlich; ich sitze hier gern an warmen Sommertagen nach Tische, wo denn auf diesen Wiesen und auf dem ganzen Park umher oft eine Stille herrscht, von der die Alten sagen würden: daß der Pan schlafe.‹«[107]

Die wehmütigen Erinnerungen, die Goethe 1824 beim Anblick seines alten Gartens befielen, scheinen bald wieder verflogen zu sein. Am 1. Mai 1827 schrieb er unter eine Ansicht seines Gartenhauses die humorvollen Zeilen:

Uebermüthig sieht's nicht aus
Spitzes Dach und niedres Haus;
Allen die darin verkehrt
Ward ein guter Muth beschert.

Der Kupferstich (Abb. unten) zeigt das Anwesen als ländliche Idylle. Sofort fällt auf, daß die Fassade wieder dicht mit Rosen bewachsen ist. Die Laubbäume bilden eine hohe, fast düstere Wand hinter dem Haus. Daraus ragen nur noch einige wenige Wipfel von Nadelbäumen hervor. Wahrscheinlich waren die Wuchsbedingungen besonders für die Weymouthkiefern aus dem milderen Frankfurt doch zu ungünstig. Das Haus der Gräfin Henckel-Donnersmarck ist dagegen von einem Kranz hoher Fichten umgeben. Oberhalb von Goethes Gartenhaus schaut

Goethes Gartenhaus.
Stich von Karl August Schwerdtgeburth, 1822, mit Goethe-Versen von 1827.
Stammbuchblatt der Ulrike von Pogwisch.
Stiftung Weimarer Klassik, Goethe-Schiller-Archiv

noch ein drittes Dach heraus, das zum Haus des Mechanikus Kleinstäuber gehörte. Dieser hatte von der alten Gräfin Henckel einen Teil ihres Grundstückes gepachtet und ein Gebäude darauf errichtet, das man heute noch am Horn sehen kann. Gut erkennbar ist auf dem Stich auch der »grottenartig« überwölbte Sitzplatz aus der Eckermannschen Beschreibung mit seinen hölzernen Gartenmöbeln. Der Steintisch soll erst unter Großherzog Carl Alexander dort aufgestellt worden sein.

Wenige Tage nachdem Goethe dieses Stammbuchblatt für Ulrike von Pogwisch signiert hatte, zog er selbst noch einmal für fast einen Monat in das Gartenhaus. In seinem Tagebuch steht unter dem 12. Mai 1827 recht lapidar: »Ich verfügte mich in den unteren Garten und verblieb daselbst.«[108]

Die Hintergründe für diese Umsiedlung nennt der Theaterdichter Karl von Holtei, der Goethe am 15. Mai seine Aufwartung machen wollte und ihn nicht im Haus am Frauenplan antraf. »Irgend ein unangenehmer häuslicher Vorfall, eine kleine Familienszene, machte ihn verdrüßlich, und er sprach diesen Verdruß zum höchsten Erstaunen des Hofes und der ganzen Stadt, dadurch aus, daß er urplötzlich, vom raschesten Entschlusse getrieben, seine Wohnung mied und das ›kleine Gartenhaus am Park‹ bezog. Mit diesem, seinen Verehrern völlig unerklärlichen Wechsel des gewohnten Aufenthaltes war denn auch der Wille: allein und ungestört zu bleiben, entschieden ausgesprochen…« Von Holtei bekam, vermittelt durch Eckermann, doch noch die Gelegenheit, kurz mit Goethe zu sprechen. »Als ich ihm mein Erstaunen schilderte, in welches diese seine Übersiedlung Weimar versetzt habe, sagt' er mit einem fast wehmütigen Ausdruck: ›Wir haben hier in diesem Gartenhäuschen tüchtige Jahre verlebt; und weil es denn mit uns sich auch dem Abschlusse nähert, so mag sich die Schlange in den Schwanz beißen, damit es ende, wo es begann.‹«[109]

Offensichtlich machten sich Goethes Familie und seine Hausgenossen wie auch der gesamte Hof große Sorgen um den achtundsiebzigjährigen alten Herrn. Täglich wurde nach ihm gesehen, mit ihm gespeist; und man unternahm Spazierfahrten mit ihm um das Webicht. Erbgroßherzog Carl Friedrich, seine Gemahlin Maria Pawlowna, Prinzessin Marie, selbst Serenissimus und Großherzogin Luise »billigten« erst nach Besuchen seinen »ländlichen Aufenthalt«.[110]

Der Architekt Clemens Wenzeslaus Coudray, ein enger Vertrauter Goethes und Berater in Architektur-, Bau und Kunstangelegenheiten, war jetzt häufig Goethes Gast im unteren Garten. Beide führten lange Gespräche miteinander. Von seinem »Hauptgeschäft«[111] ließ sich Goethe dadurch nicht ablenken. Er hatte sich den zweiten Teil des »Faust« wieder vorgenommen und diktierte seinem Schreiber auch das Ende von »Wilhelm Meisters Wanderjahren«.

Bei schönem, mildem Wetter spazierte Goethe die Gartenwege entlang und erfreute sich am Frühlingsgrün. »Schöner Anblick der Gegend von der Höhe«, notierte er am 17. Mai 1827.[112]

Nachdem der Gärtner Herzog schon im Frühjahr des Vorjahres die Rabatten im Garten erneuert und frisch bepflanzt hatte, setzten die Zimmerleute jetzt ein zweites Spalier.[113] Nun war der Mittelweg an beiden Seiten von Spalieren einge-

faßt. Malven und Rosen fanden Halt daran. Im März des Jahres waren bei Hofgärtner Baumann in Jena gepfropfte Akazienstämmchen mit hängenden Zwei-
gen bestellt worden, die am 10. April geliefert und gleich gepflanzt wurden.[114] Da
im Tagebuch nur »Im Garten« vermerkt ist, läßt sich nicht mehr genau feststel-
len, wo die Pflanzung erfolgte.

Der bevorstehende Besuch des böhmischen Naturforschers Graf Caspar von
Sternberg bewog Goethe, am 8. Juni wieder in seine Stadtwohnung zu ziehen.
Unmittelbar nach seiner Rückkehr an den Frauenplan schrieb er seinem alten
Freund Zelter: »Der größte Gewinn den ich jedoch von diesem Versuche davon-
getragen, ist, daß mir jener Garten, der mir fast gänzlich entfremdet war, wieder lieb, ja nothwendig geworden ist. Die Vegetation daselbst wie in der Umge-
gend hat sich dieses Jahr vorzüglich auch an alten Bäumen bemerklich gemacht,
und so erfreu ich mich des lange Versäumten und Vernachlässigten noch mehr
als eines Vermißten und Ersehnten. Ich fühle mich genöthigt, jeden Tag wenigstens einige Stunden daselbst zuzubringen.«[115] Dies tat er denn auch, ob in Be-
gleitung oder allein. »Bedachte manches, und näherte mich der Ausführung«[116]
– dazu fand der greise Dichter im unteren Garten die geeignete Umgebung und
die nötige Ruhe.

Am 15. Juni 1828 wurde diese Idylle jäh unterbrochen. Goethe erreichte die
Nachricht vom Tode seines fürstlichen Freundes Carl August. Um sich von diesem schmerzlichen Verlust zu erholen, siedelte er am 7. Juli ins Dornburger Re-
naissanceschloß über, wo er bis zum 11. September blieb.

Der nächste längere Aufenthalt Goethes im Gartenhaus fiel in den Sommer
1829. Vom 13. Juli bis zum 25. August verweilte er dieses Mal dort.[117] Wenn ihn
familiäre oder gesellschaftliche Angelegenheiten in die Stadt riefen, fuhr er vor
dem Mittag in sein Haus am Frauenplan, speiste dort, erledigte alles Notwendige
und kehrte abends wieder in sein unteres Anwesen zurück. Häufig besuchte ihn
hier der Erzieher des kleinen Erbprinzen Carl Alexander, der Genfer Naturforscher Frédéric Soret, der gerade Goethes »Metamorphose« ins Französische
übersetzte und bei dieser Gelegenheit einem Freunde gegenüber äußerte: »Die
eigentliche ›Metamorphose‹ bildet allerdings den Hauptteil der botanischen Arbeiten Goethes, aber sie ist nicht alles, weit gefehlt, mehrere gedruckte oder auch
unveröffentlichte Abhandlungen, beziehen sich darauf, und in letzter Zeit sah
sich unser Patriarch auf Untersuchungen geführt, die das Interesse an dieser
Schriftensammlung steigern werden.«[118]

Im Juni 1831 hatte Goethe die Freude, in seinem unteren Garten die riesige
Herkulesstaude (Heracleum speciosum = Heracleum gigantheum) blühen zu sehen, nachdem er schon über Wochen hinweg ihr erstaunliches Wachstum ver-
folgt hatte. Am 17. Juni notierte er dazu: »Das Heracleum speciosum hatte sich
endlich zur Blüthe entfaltet und gab immer mehr zu Betrachtungen auf Metamorphose bezüglich Anlaß.«[119] Zwei Tage später erschien der Weimarer Land-
schaftsmaler Friedrich Preller d.Ä. und zeichnete die Pflanze. Freunde, Bekannte und botanisch Interessierte eilten herbei, um dieses Wunder der Natur
zu betrachten.

Nicht nur das Detail, die Einzelpflanze, sondern die Gesamtheit der Natur begeisterte Goethe immer wieder. Die Schönheit des Ilmtals empfand er zu jeder Jahreszeit und genoß sie mit allen Sinnen. »Besuchte einige Stellen des Parks und erinnerte mich, was Baumgruppen betrifft sowie die Beleuchtung der großen Massen, der allerbesten Arbeiten in diesem Fache. Merkwürdig waren mir einige auffallende, einzige, sogar malerische, aber nicht zu malende Effecte.«[120] Einen zusätzlichen »Effekt« erzeugte im Februar 1830 ein Hochwasser, das die Ilmwiesen bis an seine Gartenstufen überschwemmte. »Ein Schwan zog gleichmüthig auf der Fläche umher«[121], notierte er im Tagebuch.

1830 gab es wieder einige Neuerungen. Im März besprach Goethe sich mit Coudray »wegen einer Thüre, auch neuen Stufen in den untern Garten«[122]. Coudray fertigte dafür Zeichnungen an. Schon Ende April wurde mit dem Einbau begonnen. Goethe fuhr täglich hinab und kontrollierte das Fortschreiten der Arbeiten. Damals entstanden die noch heute freundlich durch das Grün des Parkes leuchtenden weißen, klassizistischen Gartentüren (Abb. rechts). Dem Sohne, der gerade in Italien weilte (er starb am 27. Oktober 1830 in Rom), berichtete Goethe in einem Brief vom 11. Mai von der neuen Errungenschaft. »Die neue Gartenthüre stolzirt unten auf der Wiese gar architektonisch ansehnlich...«[123]. Unter dem 5. Mai ist im Tagebuch zu lesen: »Das neue Gartenplätzchen ward eingeleitet.«[124] Gemeint war damit die Ausschmückung und Befestigung des halbrunden Platzes direkt gegenüber der Haustür. Nur wenige Tage später wurde Oberbaudirektor Coudray wieder in den unteren Garten gebeten, wo Goethe mit ihm über ein Mosaik am Eingang zu Haus und Garten verhandelte. Während seiner Italienreise hatte Goethe auch die Ausgrabungen von Pompeji besucht und war davon sehr beeindruckt gewesen. Jetzt sah er sich Bücher und Tafelwerke über die verschüttete Stadt an und wollte in seinem Garten an markanten Stellen Mosaike in »pompejanischer Manier« gelegt haben. Coudray beriet ihn bei den Entwürfen und beaufsichtigte später die Pflasterarbeiten. Seinem langjährigen ehemaligen Diener Götze, jetzt Wegebau-Inspektor in Jena, hatte Goethe schon am 29. April geschrieben: »Ich wünsche einen einspännigen Karren, nicht gerade ganz voll gefüllt, aber doch hinreichend, von kohlschwarzen und schneeweißen Saalkieseln, mittlerer Größe, eher klein als groß, baldigst zu erhalten; indem ich eine neue Gartenthüre errichten muß und bey'm Eintritte sogleich ein hübsches Mosaik möchte pflastern lassen.«[126] Götze erfüllte diesen Wunsch umgehend, entschuldigte sich aber ob der in seinen Augen schlechten Qualität der Steine. Der »alte Schlambauch Saale« habe »von den gewünschten Steinen gar nichts geliefert«, so daß sie aus seinen »Chaussée Haufen« ausgesucht werden mußten.[127] Goethe beruhigte seinen »guten alten Inspector« jedoch, die Kiesel seien »wirklich nach Wunsch ausgefallen«.[128] Im Sommer 1830 wurde mit dem Verlegen begonnen. Grund genug für Goethe, die tägliche Ausfahrt nach dem unteren Garten zu lenken (Abb. Seite 30).

Am Weihnachtstag 1830 brachte Coudray dem Dichter das Menzelsche »Magazin von architektonischen Entwürfen zur Verschönerung der Gärten« aus dem Jahre 1825. Goethe beschäftigte sich über den Jahreswechsel damit und be-

Goethes Gartenhaus.
Aquarell von unbekannter Hand, nach 1830.
Stiftung Weimarer Klassik, Goethe-Nationalmuseum, Grafische Sammlungen

merkte am 14. Januar 1831 dazu: «Ich besah für mich Menzels architektonische
Hefte und bedauerte, daß er nicht in die friedliche Zeit von Hirschfeld und andern Gartenfreunden gekommen sey, wo ein tiefer Friede den Menschen Mittel
und Muße gab, mit ihrer Umgebung zu spielen.«[129] Hirschfelds Schriften und
seine Gartentheorie schätzte Goethe zeit seines Lebens hoch ein, auch wenn er
mit zunehmendem Alter mehr und mehr von der »modernen englischen« Gartenkunst und besonders ihren kleinlichen Spielereien abrückte. Die großzügige
Gestaltung von Landschaftsteilen oder ganzen Landschaften bejahte er ebenso,
wie er die zweckmäßige Schönheit regelmäßiger Nutzgärten pries. In den 1809
erschienenen »Wahlverwandtschaften« spielt diese seine Haltung zur Gartenkunst – übertragen auf die Hauptpersonen des Romans – im Verlaufe der Hand-
lung eine wichtige Rolle.

1825 hatte Goethe in einem Gespräch mit Kanzler Müller in Belvedere die fran-
zösischen Gartenanlagen an großen Schlössern gelobt und dazu geäußert: »Die
geräumigen Laubdächer, Berceaux, Quincounces, lassen doch eine zahlreiche
Gesellschaft sich anständig entwickeln und vereinen, während man in unseren
englischen Anlagen, die ich naturspäßige nennen möchte, allerwärts aneinander
stößt, sich hemmt oder verliert.«[130]

Der Sommer 1831 ergötzte den Dichter noch einmal mit üppiger Vegetation
und reichem Rosenflor. Anfang August blühte die Malvenallee (Althaea rosea =

Stockrose) in außergewöhnlicher Pracht. Wieder kamen Freunde und Bekannte, sogar die Großherzogin, um die Blumen zu bewundern. Am 9. August gab Goethe im Garten eine »große Theegesellschaft«[131]. Gleich am Tag danach fuhr er mit seiner Schwiegertochter nochmals dorthin, »um der bunten Malven und der ruhigen Umgebung gewahr zu werden«[132] (Abb. Seite 28 und Schutzumschlag).

Goethes reges Interesse und seine Fürsorge für den Garten ließen auch im hohen Alter nicht nach. Im September desselben Jahres sah er persönlich nach den Erdarbeiten, und am 14. November fuhr er in den unteren Garten, um »daselbst die von dem Kunstgärtner Motz geschnittenen Weinstöcke zu betrachten«[133]. Einen Tag zuvor hatte dieser Gärtner schon den Wein am Wohnhaus nach einer neuen, erfolgversprechenden, von J.S. Kecht empfohlenen Methode geschnitten (siehe Seite 108) und eine reiche Ernte fürs nächste Jahr versprochen.

Der eigentliche Hausgärtner war seit dem 16. Februar 1831 Ferdinand Herzog. Laut Vertrag hatte er die Zäune und Staketen in Ordnung zu halten, die Wege zu reinigen, das Grabeland zweimal jährlich umzugraben und zu düngen, die Obstbäume zu beschneiden und zu »raupen«, das Obst, die Bohnen, Gurken und ähnliches abzunehmen und abzuliefern, das Gras zu mähen, zu trocknen und auf den Boden des Gartenhauses zu bringen und überhaupt alles nach den Wünschen seiner Exzellenz zu erledigen . Nur um die Spargelbeete brauchte er sich nicht zu kümmern.[134] Am 26. Februar 1832 diktierte Goethe Ferdinand Herzog seine letzten Anweisungen bezüglich der Frühjahrsarbeiten in den Gärten. Wenige Tage vorher, am 20. Februar, war er nochmals einige Stunden im »Garten am Stern« gewesen.

Dieses Gartenmemorandum hing, bis es fast gänzlich verblichen war, neben dem linken Fenster von Goethes Arbeitszimmer. Heute wird es im Goethe- und Schiller-Archiv in Weimar aufbewahrt.[135] Es hat folgenden Wortlaut:

Memorandum für den Monath Märtz 1832 über vorhabende Arbeiten in den beyden Gärten Sr. Exzelenz des Herrn geheimen Raths und Staatsministers Von Göthe

1. Das Abrauzen der Bäume, wie auch das Ausputzen derselben in beyden Gärten und das Ausbessern der Gartenzäune.
2. Zubereitung der zu erst erforderlichen Gartenländer zur Bestellung der Früherbsen, Salat, Carotten u.d.m.
3. Abdeckung der Aprikosen-Wand am Hauss, Beschneiden und Anbinden derselben, so wie die reinliche Herstellung der Rabatte.
4. Das Ausgraben der ausgestorbenen Pfirschen-Bäume und Vorbereitung der Löcher zur Wein-Anpflanzung daselbst.
5. Das Verpflanzen der Malven wo solches erforderlich, und besonders das Vermehren der schönblühenden.
6. Das Düngen derjenigen Länder, wo solches früher wegen Mangel desselben nicht geschehen konnte.
7. Die reinliche Herstellung der Blumen-Parthie in beyden Gärten.

8. *Die reinliche Herstellung sämtlicher Spargelländer in beyden Gärten.*

9. *Das Aufräumen des Laubes, und Mehreres, sowohl in den Wegen wie auf dem Lande.*

10. *Abrechnung des Graselandes, im unteren Garten, sowohl vom Moose, wie von Maulwurfshügeln; Bestreuung des Graselandes mit Düngesalz, jedoch mit Genehmigung Sr. Exelenz.*

11. *Reinigung der Rosen-Wände vom dürren und überflüssigen, und Anbindung des Nöthigen.*

12. *Werden die verdeckten Weine geöffnet und an ihre Espaliere gebunden.*
neue Umänderungen werden blos auf eigenen Befehl Sr. Exelenz vorgenommen.

Weimar am 26ten Februar 1832 Ferdinand Herzog Gärtner.

Die Früchte seiner letzten Fürsorge für die Gärten konnte Goethe im Jahre 1832 nicht mehr genießen. Er starb am 22. März in seinem Haus am Frauenplan.

DIE ERHALTUNG DES GARTENS NACH GOETHES TOD

Goethe hatte in seinem Testament bestimmt, daß sein Haus und seine Gärten ebenso wie seine Sammlungen in den ersten 20 bis 25 Jahren nach seinem Ableben nicht veräußert werden dürften. Seine drei Enkel sollten in dieser Umgebung aufwachsen und von ihr geprägt und beeinflußt werden. Aber sowohl auf Walther, Wolfgang und Alma wie auch auf seiner Schwiegertochter lasteten der Name «Goethe» und die Verantwortung für das Erbe schwer. Ottilie siedelte mit ihrer Tochter Alma 1839 nach Wien über. Die Söhne Walther und Wolfgang studierten zu diesem Zeitpunkt schon außerhalb und konnten sich nicht um die Anwesen kümmern.

Der älteste Goethe-Enkel, Walther, entschloß sich als erster, nach Weimar zurückzukehren. Er mied jedoch das Haus am Frauenplan und auch das Gartenhaus, die »Villa« genannt, und zog in die benachbarte »Viletta«, das ehemals seiner Urgroßmutter, der Gräfin Henckel-Donnersmarck, und nun ihm gehörende kleine Gebäude, in dem er sich offenbar leidlich wohlfühlte. Im März 1846 hatte er seiner Mutter nach Wien geschrieben: »Eine kleine Hütte kaufe ich mir aber doch, denn das Haus in Weimar als Last zu besitzen und den alten garstigen halbwüsten untersten Garten, das nenne ich keinen Besitz.«[136]

Bis 1869 wohnte er, von gelegentlichen Unterbrechungen abgesehen in seinem einsamen Anwesen. Wie oft er die wenigen Schritte zum Gartenhaus seines Großvaters hinabschritt, oder ob er sich zeitweise auch da einnistete, läßt sich nicht mit Bestimmtheit sagen. Das Haus wurde Freunden der Familie zur Nutzung angeboten, der Garten verpachtet.

Adolf Stahr, der um 1850 den Goetheschen unteren Garten besuchte, beklagte wie andere Zeitgenossen den verwilderten Zustand: »Der trübsinnige Eindruck meiner Betrachtung ward verstärkt durch den Anblick des Gartens, der ungepflanzt, ja fast verwildert, düster und melancholisch ausschaute. Auf den Blumenbeeten wucherte Unkraut, die Gänge und Wege waren vielfach mit Gras bewachsen, von abgefallnen trockenem Laub und Gezweig bedeckt. Eben so wüst und unheimlich erschien das verödete hier und da baufällige Haus.«[137] Der hohe Rosen- und Weinbewuchs mußte nunmehr bröckelnden Putz festhalten. Eine etwas idealisierte bildliche Darstellung des Gartenhauses aus dem Jahre 1860

Goethes Gartenhaus.
Gezeichnet von R. Bauer, gestochen von Gustav Brinckmann, aus:
August Diezmann, Weimar-Album, Leipzig 1860

(Abb. oben) unterstreicht diesen Eindruck: verschlossene Tore, hohe, fast düstere Bäume und viel Schatten um das Haus herum. Interessanterweise stand damals die »Altansbirne« noch.

Der zwei Jahrzehnte früher, im Jahre 1841, entstandene Stadtplan von Carl
Ferdinand Weiland stimmt in den hier interessierenden Partien im wesentlichen
mit dem von Blaufuß überein, ist in einigen Partien aber flüchtiger gezeichnet.
In Goethes Garten fehlt zum Beispiel der obere Weg.

Walther von Goethe bemühte sich zumindest zeitweise, den Zustand des un-
geliebten unteren Gartens etwas zu verbessern. Davon zeugt eine eigenhändig ge-
führte Garten-Agenda aus den Jahren 1860 bis 1862, die uns Auskunft zu einigen Details gibt.[138] Sie verzeichnet unter anderem die folgenden Arbeiten:

*1. Das Rasenparterre rechts des Haupteinganges sei zu rigolen und neu anzu-
säen.*
*2. Die vom Haupteingang aus ansteigenden Blumenrabatten wie auch die ent-
lang des Querweges und am großen Sitzplatz seien mit frischer Erde und neuem
Blumenschmuck zu versehen. »Es wäre wünschenswerth, daß ein Theil dieses
Blumenschmucks aus perennierenden Gewächsen besteht.«*

3. Die Plätze an der Steintafel und am Steinwürfel sowie der Rundplatz hinter dem Gartenhaus sollten wieder mit Topfpflanzen bestückt werden. Der Hofgärtner Julius Hartwig möge dazu seinen Rat erteilen. Am Platz mit dem Steinwürfel müßten die Grottensteine ergänzt werden.
4. Nach der Erweiterung der Terrasse am zweiten Garteneingang sei, nun das grüne Staket erneut zu bepflanzen. Der »neue Gärtner« Fritz Romstedt sollte etwas Passendes dafür aussuchen.[139]

Gemüse wurde offensichtlich nicht mehr angebaut. Die verstärkte Bepflanzung der Rabatten mit Stauden hatte zwei Gründe: Zum einen waren sie pflegeärmer, zum anderen gediehen im zunehmenden Schatten der alten Bäume und Sträucher keine sonnenliebenden Einjahresblumen mehr. Auch die drei mit Päonien, Pelargonien und Iris bepflanzten Rundbeete auf den unteren Rasenstücken stammen aus jener Zeit. In den Gehölzbestand wurde aus Pietätsgründen nicht oder nur im Notfall eingegriffen.

Der nunmehrige Großherzog Carl Alexander, dessen Kammerherr Walther von Goethe war, versuchte verschiedentlich, wie zum Beispiel im Jahre 1869, mit »ein paar Fuhren Kies und einigen Steinstufen« helfend einzugreifen.[140] Der Goethe-Enkel verbat sich das jedoch, da das Recht zu solchen Gartenarbeiten wie auch die damit verbundene Last einzig dem Besitzer zufielen. In den siebziger Jahren müssen auch die teilweise noch heute vorhandenen Kastanien und Ulmen gesetzt worden sein. Wer von beiden dies veranlaßte, bleibt unklar.

Am 15. April 1885 starb Walther als der letzte der drei Goethe-Enkel. In seinem Testament legte er im § 5 fest: »Von meinem Immobilienbesitz habe ich noch über den von Goetheschen Garten mit Gartenhaus im Park, No. 1293 des Fundbuchs, zu verfügen. Ich vererbe diesen Besitz, jedoch mit der Beschränkung, daß der Garten nicht zum Großherzoglichen Park geschlagen werden darf, sondern mit einem Stacket umgeben, für alle Zeit als ein abgeschlossenes Ganzes verbleiben soll, dem Großherzoglichen Krongut und bestimme ihn zum Spielplatz der Fürstlichen Kinder des Hauses. Die Fürstlichen Kinder des Hauses sind zur Zeit die Söhne Seiner Königlichen Hoheit des Erbgroßherzogs und die Söhne des Prinzen Reuß VII. Die Schlüssel zum Gartenhaus sind Ihrer Königlichen Hoheit der Frau Erbgroßherzogin in Behufs Besitzergreifung derselben mit allen darin befindlichen Gegenständen, so wie es geht und steht, zu übergeben.«[141]

Am 28. April 1885 nahm der Großherzog das Erbe für das Krongut an. Als erste Maßnahme wurde unter Schonung der umgebenden Hecke ein neuer Zaun rings um das Anwesen gezogen. Mit dem inzwischen im Nachbarhaus lebenden Gärtner Springer wurde ein Pachtvertrag abgeschlossen. Er mußte den Garten in Ordnung halten und konnte dafür das Gras und das Obst für sich ernten. Die gärtnerische Anleitung lag bei Hofgärtner Julius Hartwig. Springer durfte bei Abwesenheit der großherzoglichen Familie den Garten Fremden auf Wunsch zur Besichtigung öffnen.

Ein im Sommer 1886 aufgenommenes Inventar von Haus und Garten verzeichnet unter anderem zwei geschweifte, weiß gestrichene Gartensofas mit Armlehnen in Kissenform, vier weiße, runde, dreibeinige Gartentische und das Original der Steintafel vom Sitzplatz am Hang, das zu dem Zeitpunkt im »Erdsälgen« aufbewahrt wurde.[142]

Bis zum Jahre 1900 wurde immer wieder der schlechte Zustand der Blumenrabatten und des Malvenganges beklagt und als Gegenmaßnahme Rigolen und Düngen empfohlen. Etliche Obstbäume, wie die vielen noch recht jungen Zwetschenbäume am Hang, mußten auf großherzoglichen Befehl gefällt werden. 1892 standen lediglich noch fünf alte Birn- und zwei junge Apfelbäume.

Nach Hartwigs Ausscheiden übernahm Otto Sckell das Amt des Hofgärtners und damit die Aufsicht über den Garten. Die Durchführung der notwendigen Pflegearbeiten oblag nun zu denselben Bedingungen wie vorher dem Pächter Hofmann.[143]

Im August 1908 bat Otto Sckell um Genehmigung, die gänzlich ausgefaulte Akazie (Robinie) rechts des Garteneingangs, die eine Gefahr für alle Besucher darstellte, fällen zu dürfen. Auch eine der drei Akazien vom oberen Rondell muß zu diesem Zeitpunkt schon völlig dürr gewesen und daraufhin gefällt worden sein. (In den zwanziger Jahren folgten dann die beiden anderen.) Die dringend notwendige Auslichtung und Regeneration des gesamten Gehölzbestandes kam jedoch nicht zustande. Alte Postkarten zeigen das Gartenhaus inmitten hoher, dunkler Bäume (Abb. unten). Diese Situation beklagte auch Otto Sckell immer wieder. Auf Weisung der großherzoglichen Familie sollte im Frühjahr 1916 die Malvenallee »wie zu Goethes Zeiten« hergestellt werden. Außer den gefüllten Stockrosen wurden Zentifolien, Ranunkelrosen und verschiedene Stauden wie Pfingstrosen, Kugeldisteln und Phloxe dafür eingekauft. »Das Resultat wird jedoch kläglich bleiben, da die umgebenden Bäume zu hoch, und der Schatten-

Goethes Gartenhaus. Postkartenmotiv um 1913

Die alte Malvenallee, um 1913.
Aus: Else Frucht, Goethes Vermächtnis. Leipzig 1913

druck zu groß sind«, befürchtete Sckell mit Recht[144] (Abb. oben). Während der letzten Kriegsjahre von 1916 bis 1918 mußte die Pflege des Gartens aus Kostengründen sehr eingeschränkt werden.

Im September 1921 erfolgte rechts vom Gartenhaus die Fällung einer großen morschen Esche, weil sie sich gefährlich über das Dach neigte. Eine weitere danebenstehende, doppelstämmige Esche sollte jedoch vorerst unbedingt erhalten werden.

Im Oktober 1921 wurde zwischen dem ehemaligen Landesherrn Wilhelm Ernst von Sachsen-Weimar-Eisenach und dem Gebiet Weimar ein sogenannter Auseinandersetzungsvertrag abgeschlossen, der unter anderem besagte, daß das gesamte Kammervermögen einschließlich des Krongutes an das Gebiet Weimar oder dessen Rechtsnachfolger übergehen sollte. Das Gebiet Weimar wiederum verpflichtete sich, die Kosten für die Verwaltung und Sicherung der Gedenkstätten zu übernehmen und diese in einem würdigen Zustand der Öffentlichkeit zu präsentieren.[145]

In wissenschaftlicher und verwaltungstechnischer Hinsicht wurden das Gartenhaus und der dazugehörige Garten dem damaligen Direktor des Goethe-Nationalmuseums, Hans Wahl, unterstellt. Dieser hatte schon 1919 in einer Denkschrift für eine derartige Lösung plädiert und argumentiert: »Es würde dadurch ermöglicht, manches zu tun, um diese wertvolle und vernachlässigte Stätte würdiger auszustatten.«[146]

Die Beratung in gärtnerischen Fragen oblag weiterhin Otto Sckell, der ab 1923 der Staatlichen Parkverwaltung vorstand, die fortan alle größeren Rekultivierungs- und Rekonstruktionsmaßnahmen im Garten durchzuführen hatte. Die Inflationszeit verhinderte dies jedoch zunächst weitgehend. Inzwischen kletterte der Eintrittspreis für das Gartenhaus von 50 Pfennigen, die Mitte des Jahres 1921 gezahlt werden mußten, auf 100 Milliarden Mark zu Ende des Jahres 1923.[147] 1923 verfügte Otto Sckell nur noch über drei Arbeitskräfte und vier Aufseher für den gesamten Ilmpark, so daß er sich außerstande sah, die Arbeiten in Goethes Garten weiterhin vornehmen zu lassen.[148]

Zwischen 1924 und 1926 führte man die nötigsten Ausbesserungs- und Pflegemaßnahmen durch: Zäune, Stufen und Tore wurden repariert, Gartenmöbel und Tore gestrichen, Wege abgesandet, der Rasen geschnitten, Unkraut vertilgt und Buschwerk ausgeholzt. Im Dezember 1926 mußte eine große, hohle Linde in der Nähe des unteren Sitzplatzes gefällt werden. Wiederum hatte akute Gefahr für das Haus bestanden. Bedingt durch den natürlichen Alterungsprozeß wurden immer mehr Gehölze dürr und mußten beseitigt werden. Eine durchgreifende Plenterung der Bestände, um wieder mehr Licht und Luft in den Garten zu bringen, wurde nach wie vor abgelehnt. Als Otto Sckell 1927 wiederum den Auftrag bekam, die Malvenallee zu erneuern, wies er in einem Gutachten erneut auf diesen Umstand hin. Er schrieb unter anderem, daß das Anpflanzen von 100 jungen Malven schon einmal ohne Erfolg gewesen sei, da diese Pflanzenart einen freien, sonnigen Standort benötige, den sie jetzt entlang des Mittelwegs wegen der umgebenden Gehölze nicht hätte. Auch stamme ein Großteil der störenden Bäume, wie die Eschen, Ulmen und Kastanien, gar nicht aus Goethes Zeit sondern sei erst unter Großherzog Carl Alexander angepflanzt worden.[149] Fehlende Finanzen verhinderten jedoch abermals jegliche Verjüngungsmaßnahmen. Erst ein im Vorfeld des Goethejahres 1932 gewährter Kostenzuschuß ermöglichte schließlich die Erneuerung des Malvenganges.[150]

Während des Zweiten Weltkrieges ließ die Fürsorge für den Garten wieder nach. Männliche Arbeitskräfte wurden rar. Gegen Kriegsende war der Kartoffel- und Gemüseanbau wichtiger als die Pflege zierender Gewächse. Noch im Februar 1945 wurde Weimar bombardiert. Auch in der Nähe des »Horns« fielen Brand- und Sprengbomben und richteten einigen Schaden im oberen Gartenteil an.[151] Während des harten Nachkriegswinters 1946/47 verheizte man den Zaun um Goethes Garten als Brennholz. Auch Bäume fielen zu diesem Zweck.

Das anläßlich des 200. Geburtstages des Dichters deklarierte Goethejahr 1949 war Anlaß, eine Reihe von Gedenkstätten in Ordnung zu bringen und wiederzueröffnen.

Zwecks Wiederherstellung der Goethe-Gärten wandte sich die Direktion des Goethe-Nationalmuseums an die Arbeitsgemeinschaft der Gartengestalter in Potsdam-Bornim, zu der Karl Foerster, Hermann Mattern, Hertha Hammerbacher und Walther Funcke gehörten, und bat diese um ein Gutachten. Karl Foerster kam selbst nach Weimar und sandte am 10. Mai 1948 seine Vorschläge an Hans Wahl. Er schlug vor, die den Garten umgebende lückige Hecke zu erneuern, die Malvenallee wiederherzustellen, am Gartenhaus einen tiefgründigen Bodenwechsel vorzunehmen und danach die alte Rosensorte Rosa venusta pendula zu pflanzen. Auch die Spaliere sollten wieder mit historischen Rosensorten besetzt werden. Für die Bepflanzung der Rabatten, die von einer Buchsbaumeinfassung umgeben sein sollten, sah er Stauden und Zwiebelgewächse wie Schwertlilien, Phlox, Eisenhut, Malven, Lilien, Tulpen, Krokusse, Hyazinthen und Narzissen vor. Auch die Umwandlung des Schwertlilienrondells vor dem Haus in eine Rabatte geht auf Karl Foersters Vorschlag zurück. Er meinte, daß eine solche Pflanzenart nicht auf ein Rundbeet passe (Abb. Seite 30 rechts).

In den »Waldhang« hinter dem Haus sollten nach einer »Entstrüppung« Sträucher wie Pfaffenhütchen, Waldjohannisbeere und Wilder Schneeball eingepflanzt und darunter ein Teppich aus bodendeckenden Pflanzen wie Waldmeister, Hasenohr, Maiglöckchen ausgebildet werden. »Der Eindruck einer gartenkünstlerischen Gestaltung sollte hier zugunsten der Wirkung einer reichen natürlichen Verwilderung zurücktreten.«[152]

Im August 1948 erhielt Karl Foerster den Auftrag zur Realisierung seiner Vorschläge. Walther Funcke fertigte die Pflanzpläne an und leitete die Arbeiten. Der Weimarer Gartenbaubetrieb Baczkiewicz führte sie aus. Um seinerzeit seltene, in der damaligen sowjetischen Besatzungszone nicht käufliche Pflanzen zu bekommen, wurde von der Direktion des Goethe-Nationalmuseums für den Gärtnermeister Baczkiewicz sogar ein Interzonenpaß beantragt. Damit durfte er zum Pflanzenkauf nach Westdeutschland fahren und brachte von dort Immergrün, Buchsbaum, Lilienknollen, Schneeglöckchen-, Narzissen-, Tulpen-, Hyazinthen- und Scillazwiebeln sowie die zur Berankung der Hausfassade vorgesehene Rosa venusta pendula mit.[153] Weitere Stauden lieferten Karl Foersters Gärtnerei in Potsdam-Bornim und einige Thüringer Gärtnereien. Die Gehölze wurden von hiesigen und Dresdner Baumschulen erworben.

Karl Foerster und Walther Funcke wollten hauptsächlich die pflanzliche Ausstattung des Gartens verbessern. Sie beabsichtigten, Gestaltungselemente und Pflanzen der Goethezeit mit neuen bewährten Arten und Sorten zu verbinden beziehungsweise durch diese zu ersetzen. Noch heute findet man in den Rabatten und besonders in den Gehölzpartien Gewächse, die damals gepflanzt wurden (Waldmeister, Hasenohr, Elfenblume, Knöterich und andere). Die vorgefundene

Das Gartenhaus, 1957

Struktur des Gartens ließen die beiden Gartengestalter unangetastet. Im Herbst 1948 und im Frühjahr 1949 wurde das Projekt verwirklicht. Unter den schwierigen Nachkriegsbedingungen erforderte dies von allen Beteiligten ein besonders hohes Maß an Einsatzbereitschaft und Engagement.

1949 wurde das im Krieg beschädigte Original des Schlangensteins »Genio huius loci« in den Garten aufgenommen. Am ursprünglichen Standort im Ilmpark befindet sich seitdem eine Kopie. Im Januar 1950 mußten bombengeschädigte Bäume gefällt werden. Im Oktober dieses Jahres kam Walther Funcke erneut nach Weimar und war über den schlechten Zustand des unteren Gartens entsetzt. Er bemängelte die unpassende Bepflanzung sowie die fehlende Pflege und gab nochmals eine Reihe von Hinweisen, was zu verbessern wäre.[154]

Der nächste namhafte Gartenarchitekt, der zu Rate gezogen wurde, war Hermann Schüttauf aus Pillnitz. Er besuchte im Januar 1958 Weimar. In den folgenden Jahren erarbeitete er im Auftrag der inzwischen gegründeten Nationalen Forschungs- und Gedenkstätten der klassischen deutschen Literatur für fast alle historischen Garten- und Parkanlagen Weimars grundsätzliche Behandlungsrichtlinien. Überall war der Baumbestand überaltert und bedurfte der Regeneration. Wildwuchs verdeckte die Sichtbeziehungen und verwischte das Charakteristische einer jeden Anlage (Abb. Seite 65).

Schüttauf plädierte für umfangreiche Plenterungen. Im Areal des Ilmparkes sah er das Gartenhaus als eines der wichtigsten «Zentren» an. Von hier aus sollten markante Blicke zum Beispiel zum Römischen Haus und zum Borkenhäuschen freigelegt und damit die geistige Verbindung dieser Punkte in der Vergangenheit versinnbildlicht werden. Bei einer Begehung im Februar 1958 wurden vor Ort die notwendigsten Fällarbeiten besprochen. Diese zogen sich über fünf Jahre hin, und Schüttauf wurde ihretwegen in Weimar des öfteren des »Vandalismus« und des »Baumfrevels« bezichtigt.[155]

Am Gartenhaus fielen als erste die zwei schon von Otto Sckell als gefährlich bezeichneten Eschen rechts des Eingangs. Abgestorbene Ulmen folgten. Ein lei-

Goethes Gartenhaus. Plan von Hermann Schüttauf, um 1960.
Stiftung Weimarer Klassik, Dezernat Gartendenkmalpflege

Blick auf das Gartenhaus nach den Plenterungen im Winter 1969

der undatierter Lageplan Schüttaufs (Abb. links) zeigt den Zustand des Gartens ungefähr zwischen 1960 und 1963. Auffällig ist, daß offensichtlich nach dem Krieg etliche Wege, wie die am unteren und oberen Zaun entlangführenden, zugewachsen waren. Schon auf den Pflanzplänen von Walther Funcke waren sie nicht mehr eingezeichnet. Noch standen viele Ulmen. Dafür fehlten die Nadelgehölze fast völlig. Der Bestand an Obstbäumen war auf drei Exemplare geschrumpft. Die eingetragenen Staudenarten und Bodendecker entstammten größtenteils der Funckeschen Bepflanzung. 1964 stürzte eine der Linden, die das Rondell mit dem Stein des guten Glücks umstanden. Sie riß im Fallen weitere Bäume mit. Heute existiert nur noch eine dieser Linden. Sie sank 1971 um, grünt aber kurioserweise im Liegen weiter und zählt mit zu den ältesten Gehölzen des Gartens.

In den nächsten Jahren warfen Stürme immer wieder überalterte, kranke Bäume um. Dem weltweit grassierenden »Ulmensterben«, einer durch den Ulmensplintkäfer übertragenen Pilzkrankheit, die zum Vertrocknen des Baumes führt, fielen die noch verbliebenen Ulmen zum Opfer. So mußten im Winter 1968/69, nunmehr unter der Regie einer eigenen Gartendirektion der NFG, erneut umfangreiche Fällarbeiten vorgenommen werden (Abb. oben). Gartendirektor Jürgen Jäger hatte dafür als Richtlinie eine denkmalpflegerische Konzeption erarbeitet, die auch Aussagen zur weiteren Pflege und Behandlung des Gartens enthielt und auf umfangreichen Quellenstudien basierte.

Es wurde nicht nur gefällt, sondern auch gepflanzt, zum Beispiel die Kastanien entlang des Weges zum ehemaligen Haupteingang, die Fichten und Weymouthkiefern am Hang und die Obstgehölze auf der Wiese. Hier verwendete man überwiegend alte Sorten. Die verschwundenen Wege und kleinen Sitzplätze wurden wiederhergestellt und die Rabatten mit Stauden, Sommerblumen und Malven in bunter Vielfalt bepflanzt. An den Spalieren wachsen wieder historische Rosensorten wie Zentifolien (Rosa centifolia), Damaszener Rosen (Rosa damascena), Moosrosen (Rosa centifolia muscosa), Essigrosen (Rosa gallica), Bibernellrosen (Rosa pimpinellifolia) und viele andere. Auf eine stilgerechte Möblierung und Ausstattung des Gartens wird großer Wert gelegt.

Die Besucher betrachten den Garten heute wohl in erster Linie als Goethe-Gedenkstätte und nicht mehr so sehr als einen nach den privaten Bedürfnissen seines Besitzers gestalteten Haus- und Nutzgarten. Dennoch teilt sich ihnen bei einem Spaziergang entlang der Kieswege oder beim Verweilen auf einem der Ruheplätze, wenn im Sommer die Vögel zwitschern, die Sonne lacht und alles ringsum Heiterkeit ausstrahlt, oder aber wenn im Herbst dichte Nebelschwaden über der Ilm lagern, die nahe Stadt im Grau versunken ist und sich Einsamkeit ausbreitet, etwas von dem Reiz und der Anziehungskraft dieses Ortes mit, die schon Goethe empfand und die ihn über 50 Jahre immer wieder hierher zurückzogen.

Wie steht doch in einem alten Weimar-Reiseführer geschrieben? »Zwar keine Inschrift giebt Kunde von dem Besitzer, aber frage nur wer dir begegnet, jung oder alt, jeder wird dir mit Ehrfurcht und Rührung sagen: es ist Goethens Haus, hier wohnte Goethe, hier verflossen ihm viele seiner schönsten Tage! und Du kleines Haus wirst immer geschützt bleiben für allen Unbilden der Zeit, denn in deinen Mauern wohnte einst ein Genius!«[156]

DER GARTEN AN GOETHES WOHNHAUS

DAS GRUNDSTÜCK,
BEVOR ES IN GOETHES BESITZ
GELANGTE

Die Geschichte des Grundstücks läßt sich über 400 Jahre zurückverfolgen. Schon auf dem Stadtplan des Rektors Johannes Wolf (Abb. rechts) aus dem Jahre 1569 ist außerhalb der Stadtbefestigung vor dem Frauentore ein ganzer Stadtteil dargestellt. Bei genauem Hinsehen erkennt man den Frauenplan mit einem Brunnen in der Mitte. Auch der Gasthof »Zum Weißen Schwan« existierte schon. An der Seifengasse, die zum »Fürstlichen Stieden- oder Stutenvorwerk« führte, stehen kleine Bürgerhäuser deren Gärten, darunter der heutige Goethesche Garten, bis an die angrenzenden Felder reichen. Dort wurde in der 2. Hälfte des 17. Jahrhunderts ein fürstlicher Lustgarten im regelmäßigen Stil, der sogenannte Welsche Garten errichtet.

Zu Beginn des 18. Jahrhunderts kaufte der Strumpfverleger und Kammerkommissar Georg Caspar Helmershausen zwei der kleinen Bürgerhäuser am Frauenplan und ließ an deren Stelle ein breitgelagertes barockes Wohnhaus, das heutige Goethehaus bauen (1709). In einer späteren Beschreibung heißt es: »Das Anwesen bestand aus einem langgestreckten, geräumigen Vorderhaus mit gutem Keller, einem Hof mit Brunnen, einem ausreichenden, erst im folgenden Jahre fertiggestellten Hinterhaus, worin auch Stallungen und Wirtschaftsräume untergebracht waren, sowie endlich einem schönen Garten an der Ackerwand und am Frauentore.«[157] Dazu kam der Teil des Gartens am Ostende der Gesamtfläche, der noch über die drei gartenlosen Nachbarhäuser der Seifengasse reichte.

Der Sohn des Erbauers, Oberkonsistorialrat Georg Friedrich Helmershausen, erbte 1716 den gesamten Besitz. In einem Schreiben an den zu dieser Zeit regierenden Herzog Wilhelm Ernst, den Großvater von Herzog Carl August, gab er folgenden Hinweis: »Es hat nehml. diese sogenannte Acker-Wand [Wand = Mauer] ihren Uhrsprung und Nahmen daher; Als Ew. ... Herr Großvater, Herzog Wilhelm ..., den sogenannten Welschen Garten anlegen, und dazu die hinter unsern Gärtten und Scheunen weg gelegene Bürger Acker, erkauffen und nachgehends auch eine Wand davor wegziehen, doch aber auch dabey zwischen solcher und unsern Gärtten, so viel Platz und Raum gelaßen, daß so wohl vor dero da maliges Fürstl. Stuten Forwerg, als auch die in unsern Gärtten stehende Bürgerscheunen, ein ieder ungehindert hat kommen können.«[158] (Gemeint sind die

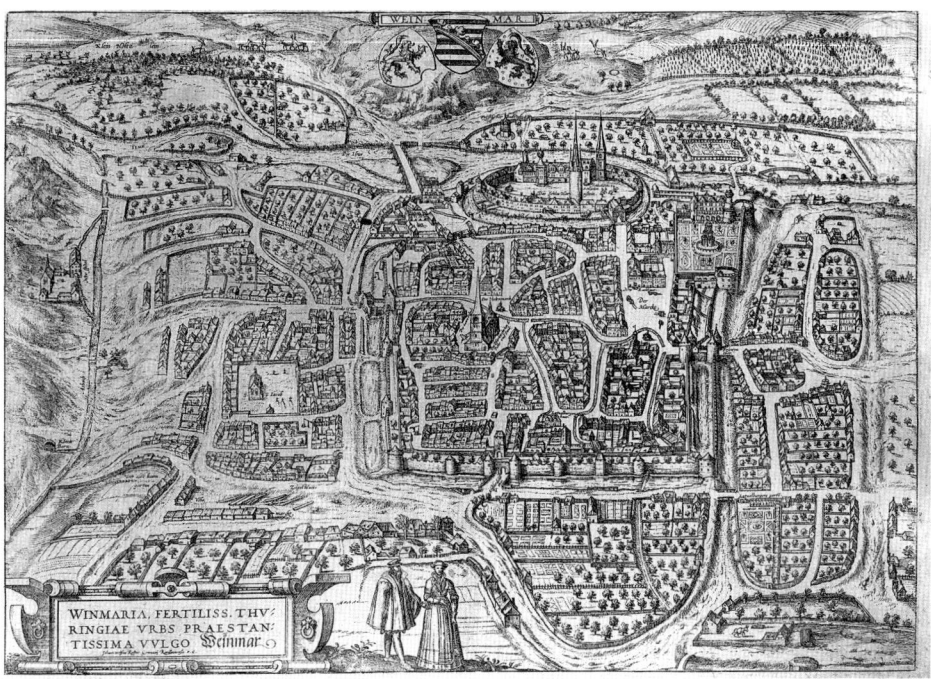

Plan der Stadt Weimar von Rektor Johannes Wolf. Kupferstich von 1569.
Stiftung Weimarer Klassik, Goethe-Nationalmuseum

Anwohner der Seifengasse, soweit sie Gärten bis zur Ackerwand hatten.) Georg Friedrich Helmershausen ließ seinerseits das Haus Ackerwand 2 errichten, das nachmals »Koppenfelssche« Haus Ecke Marienstraße.

Nach seinem Tod (1757) einigten sich die Erben wie folgt: Der Garnisonsmedikus Paul Johann Friedrich Helmershausen erhielt das Haus am Frauenplan, dazu den westlichen Gartenteil, der Hofadvokat und Bürgermeister Wilhelm Gotthilf Friedrich Helmershausen das Haus Ackerwand 2, dazu »den Flecken Garten an großen Hause [Goethehaus] soweit solcher aniezo mit Bretern verschlagen«[159], also den östlichen Teil. Den Anteil von Paul Helmershausen kaufte 1792 zunächst die herzogliche Kammer auf, und am 17. Juni 1794 ging er als Geschenk von Herzog Carl August in Goethes Besitz über.

1758 wurde die Stadtentfestigung beschlossen und begonnen, die sich dann über 100 Jahre hinzog. Als erstes legte man das Frauentor nieder, nur der Marienturm blieb noch bis 1820 stehen (Abb. Seite 72). Das Pflaster- und Chausseegeld mußte am »Äußeren Frauentor« entrichtet werden, das nur ein schmaler Durchlaß war, ein Holzgatter zwischen zwei steinernen Pfeilern, bedingt durch das weit in die Straße reichende Wachhäuschen.

1710 hatte man den Weimarer Tuchmachern gegen Erbzins gestattet, ihre Tuchrahmen in der Ackerwand aufzustellen; dieser abgelegene Weg war am heu-

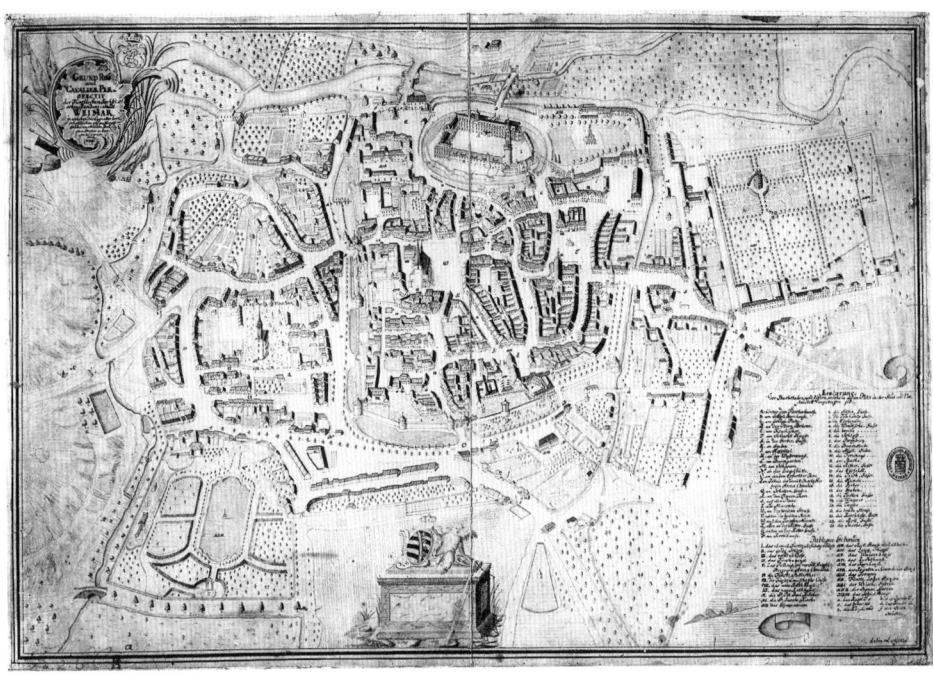

Plan der Stadt Weimar. Zeichnung von Johann Friedrich Lossius, 1785.
Stiftung Weimarer Klassik, Herzogin Anna Amalia Bibliothek

Ausschnitt aus dem Plan von Lossius mit Goethehaus und Hausgarten

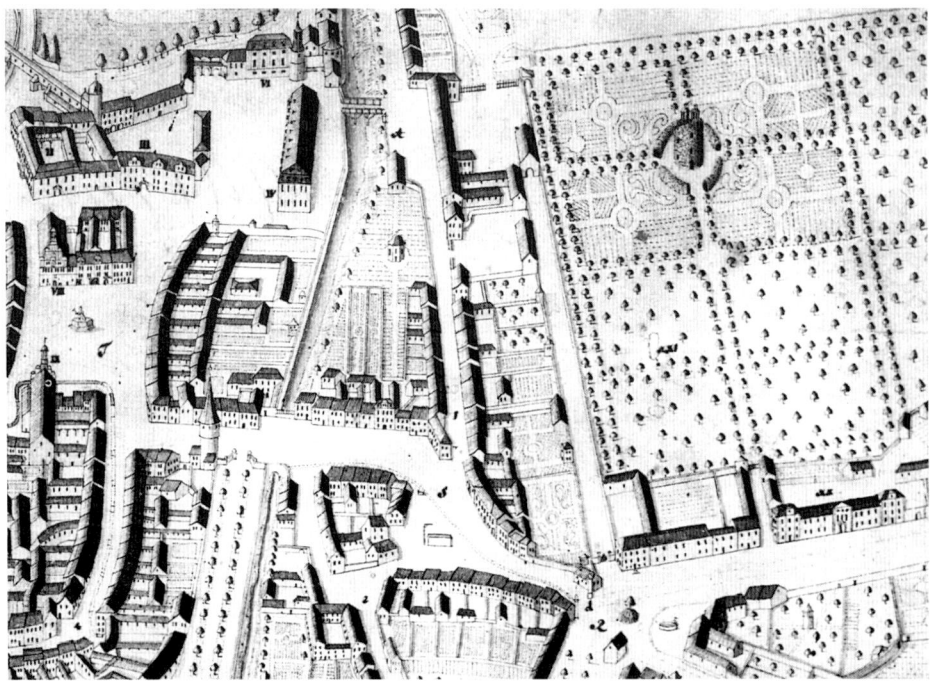

tigen Wielandplatz mit einem Zaun verschlossen (Abb. Seite 72 unten). Die Tuchrahmen bildeten den Anlaß zu langwierigen Erörterungen zwischen den Behör-
den und den Anliegern der Ackerwand, ob die (vom Frauenplan aus gesehen)
rechtsseitigen Bewohner der Seifengasse in der Ackerwand, an die ihre Grund-
stücke angrenzten, Hintertüren haben dürften oder nicht.

1761/62 wurde dieser langjährige Kampf endlich mit folgender Verfügung bei-
gelegt: »...daferne jeder Hauß- oder Garten-Besitzer der eine Thür in der Acker
Wand hat, von jeder Thür einen Mf. [Meißnischen Gulden] jährlich zum be-
ständigen Erbzinße entrichtet, und man sonsten sothane Acker-Wand reinlich
halten wird, geschehen laßen, daß sothane Thüren bis auf Widerruf in statu quo
bleiben mögen.«[160] Georg Friedrich Helmershausen hatte in einem Schreiben an
die Behörde vom 9. Dezember 1724 erklärt: »... daß ich lieber von meinem
Rechte nach- als Anlaß zu Weiterungen geben, mithin nicht nur die eine Garten
Thür hinter den Rähmen, so bald es die Saison zuläßt, zumauern laßen, sondern
auch die andere verschlagen, und zuhalten will...«[161] 1759, nach der Teilung des
Gartens, wird amtlich beanstandet, daß anstatt der früheren, auf die Georg
Friedrich Helmershausen 1724 verzichtet hatte, »zwey neuere Thüren« entstan-
den waren, deren Wiederzumauern die Kammer jetzt forderte.[162]

GOETHE WIRD EIGENTÜMER VON HAUS UND GARTEN AM FRAUENPLAN

»In meinem neuen Hause breite ich mich aus...«

Am 1. Juni 1782 zog Goethe vorerst als Mieter bei Garnisonsarzt Dr. Paul Johann Friedrich Helmershausen ein und konnte bald dem Herzog melden: »In meinem neuen Hause breite ich mich aus und alles kommt in die schönste Ordnung... Wie viel mir die neue Einrichtung an Arbeit erleichtert, ist kaum zu sagen...«[163]

Leicht war Goethe der Umzug aus dem Gartenhaus in die Stadtwohnung nicht gefallen. Letztlich hatte die Platznot ihn dazu gezwungen, und auch bei Hofe wurde offentsichlich in diesem Sinne Einfluß genommen, wie ein Brief von Goethes Mutter an die Herzogin Anna Amalia vom 16. November 1781 belegt. »Ha-

Grundriß von Goethehaus und Goethes Hausgarten, um 1792.
Stiftung Weimarer Klassik, Goethe-Nationalmuseum

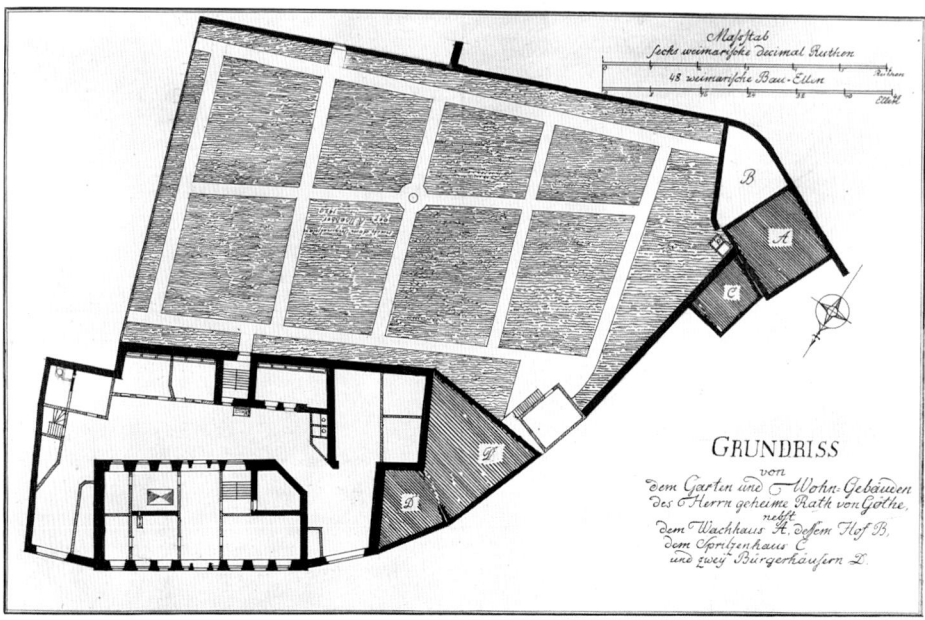

Auf der Treppe zum Hausgarten.
Radierung von Carl Wilhelm Lieber, 1793/95.
Stiftung Weimarer Klassik, Goethe-Nationalmuseum

ben doch Ihro Durchlaucht die gnade und helfen mitdazu daß mein Sohn den Winter in der Stadt eine Wohnung bekomt – so oft wir hir schlimme Witterung haben: wie eben jetzt der Fall ist, da des Regens kein Ende werden will: so fält mirs schwer aufs Hertz, daß der Docter Wolf in seinen Garten gehen muß, daß allerley übels draus entstehen kan u.s.w. Ihro Durchlaucht! werden Frau Aja unendlich verbunden, wenn Sie ihr diesen Hertzendruck helfen wegnehmen...«[164] Von November 1789 bis Sommer 1792 nahm Goethe im nahegelegenen Jägerhaus in der Marienstraße Wohnung. Dort wurde am 25. Dezember 1789 auch der Sohn August geboren.

Michaelis 1792 kehrte Goethe mit Christiane Vulpius, deren Schwester Ernestine, beider Tante Julia und dem kleinen August zurück in das Haus am Frauenplan, das 1794 endgültig sein Eigentum wurde. Auch der schöne Hausgarten, als Bauerngarten angelegt, gehörte ihm jetzt (Abb. links). Um 1800 stellte der Bauerngarten noch die beliebteste Form für die Hausgärten dar; er war überall in Europa verbreitet, zwar in verschiedenen Variationen, doch stets nach dem gleichen Prinzip angelegt: das geschlossene Rechteck mit den sich kreuzenden Wegen im Mittelpunkt. Auf den mit Buchsbaum eingefaßten Feldern im Zentrum wuchsen Gemüse und Kräuter, auf den Rändern (Rabatten) Beerenobst und Blumen. Diese Gartenform hat lange fortbestanden, weil sich Nutzen und Schönheit die Waage hielten.

Der von Goethe 1792 bis 1798 in Angriff genommene große Umbau im Hause hatte eine wesentliche Bedeutung für die Verbindung von Wohnhaus und Garten. Neu errichtet wurde das Brücken- oder Büstenzimmer, ein Übergang von der Mitte des Vorderhauses zu der des Hinterhauses. Die Decke, nach römischem Vorbild gewölbt, deutet mit dem belebenden Element der umrankten Thyrsosstäbe und Blütenornamente (gemalt vom Weimarer Maler Conrad Horny) auf den Garten hin, dessen Grün durch die Scheiben der 1792/94 eingebauten neuen großen Glastür leuchtet. Sie führt den Besucher aus dem angrenzenden Raum des Hinterhauses, dem Gartenzimmer, über einen kleinen Altan in den Garten. Optisch verstärkt wird diese Aufforderung, ins Freie zu gehen, durch die schräggestellten, nach außen sich neigenden Wände im Durchgang vom Brücken- zum Gartenzimmer. Bis zu dem Umbau war der Garten nur vom Hof her über eine Treppe im Hinterhaus zu erreichen gewesen (Abb. Seite 75). Durch den neuen Zugang konnte Goethe auf kürzestem Wege von seinem ganz persönlichen Bereich im Hinterhaus (Arbeitszimmer, Bibliothek, Schlafraum) in den Garten gelangen. Ein weiterer Garteneingang durch eine Tür in der Mauer am Frauenplan und eine Treppe ist erst in der Zeit zwischen 1792 und 1828 entstanden.

DER GARTEN
ALS BOTANISCHES
VERSUCHSFELD

»Alle Gestalten sind ähnlich, und keine gleichet
der andern;...«

Auch in diesem Garten setzte Goethe seine botanischen Studien an lebenden Pflanzen, die er schon im unteren Garten begonnen hatte, fort. Seinen Wunsch, vor den eigenen Fenstern ein lebendiges Pflanzensystem zu besitzen, konnte er mit Hilfe des erstaunlich kenntnisreichen Friedrich Gottlieb Dietrich verwirklichen. Im Sommer 1785 war Goethe während eines Spaziergangs in Jena zufällig diesem Pflanzen sammelnden jungen Mann begegnet. Er gehörte zu der Bauernfamilie Dietrich aus Ziegenhain bei Jena, die sich gut in der heimischen Flora auskannte und seit Jahrzehnten die Universität mit pflanzlichem Übungsmaterial für medizinische oder botanische Vorlesungen belieferte. Goethe nahm ihn mit auf seine Reise über das Fichtelgebirge nach Karlsbad, wobei er dank seinem pflanzenkundigen Begleiter viel von der Gebirgsflora kennenlernte. Auf Veranlassung des Geheimrates erhielt Dietrich eine gute Schul- und spätere Fachausbildung in Jena und wurde nach der Italienreise des Dichters von 1786 bis 1788 von Goethe bei der Ausarbeitung von dessen naturwissenschaftlichem Werk »Versuch die Metamorphose der Pflanzen zu erklären« zu Rate gezogen. Ab 1793 nahm er die Stellung eines Hausgärtners im Garten am Frauenplan ein. Lassen wir Dietrich selbst berichten (Abb. Seite 78):

»Im Jahr 1792, nach Vollendung meiner Studien in Jena, wurde ich in Weimar als Botanikus und Lehrer der Kräuterkunde mit Besoldung angestellt. Diese Anstellung war für mich allerdings ein glückliches Ereignis. Weimar war damals der Musensitz und der Aufenthalt vieler gelehrten Männer, welche sich an die Herren Goethe, Schiller, Herder, Wieland liebevoll anschlossen, gelehrte Vereine bildeten und sich bestrebten, die Wissenschaften und Künste auf alle Art und Weise zu fördern. Außer Goethe hat sich auch Bertuch um die Naturwissenschaft verdient gemacht, und so erregte sich auch in mir ein neues Streben nach höherer wissenschaftlicher Ausbildung, umso mehr, da Goethe unermüdet mit der Pflanzenkunde sich beschäftigte und nach Vollendung seines lehrreichen Werkes [Metamorphose der Pflanzen] auf den Gedanken kam, die natürlichen Pflanzenfamilien im lebenden Zustande zu sehen, die Entwicklung der Pflanzenorgane zu beobachten, sowie überhaupt das vegetabilische Leben bis zur höchsten Stufe der Ausbildung zu verfolgen.

Dr. Friedrich Gottlieb Dietrich.
Radierung von Ludwig Buchhorn nach Johann Heinrich Hose aus:
Vollständiges Lexikon der Gärtnerei und Botanik. Band 10. Berlin 1810.
Stiftung Weimarer Klassik, Herzogin Anna Amalia Bibliothek

Dieser Plan war im Jahr 1794 realisiert. In dem Garten des Herrn von Goethe wurden hiezu schickliche Beete abgeteilt, dann die einheimischen, auch ausländischen Gewächse, die in unserm Klima unter freiem Himmel gedeihen, angeschafft, auf die bestimmten Beete gepflanzt und in Gruppen zusammengestellt, so wie in Jussieus natürlichem System die Gattungen aufeinander folgen [Lilien, Rosengewächse, Hahnenfuß- und Korbblütler usw.] …wenn sie ihre lieblichen Blumen entfalteten, boten [sie] den gelehrten Herren von Knebel, Herder, Einsiedel, Gerning u.a., auch wohl Frauen, welche den Garten besuchten, sehr angenehme und belehrende Unterhaltung dar, besonders dann, wenn Goethe selbst

zugegen war, das Umwandeln der Pflanzen erklärte und über analytische Forschung freie Vorträge hielt, die auch mir von größter Wichtigkeit waren, und ich
mag jener schönen Zeit... mit Vergnügen noch gerne gedenken.«[165]

Im Juni 1798 schrieb Goethe die Elegie »Die Metamorphose der Pflanzen«, in
der er sich auf die botanische Anpflanzung in seinem Garten bezog. Schiller veröffentlichte das Gedicht in seinem »Musen-Almanach für das Jahr 1799«[166]:

> *Dich verwirret, Geliebte, die tausendfältige Mischung*
> *Dieses Blumengewühls über dem Garten umher;*
> *Viele Namen hörest du an, und immer verdränget*
> *Mit barbarischem Klang einer den andern im Ohr.*
> *Alle Gestalten sind ähnlich, und keine gleichet der andern;*
> *Und so deutet das Chor auf ein geheimes Gesetz,*
> *Auf ein heiliges Räthsel. O, könnt' ich dir, liebliche Freundin,*
> *Überliefern sogleich glücklich das lösende Wort! –*
> *Werdend betrachte sie nun, wie nach und nach sich die Pflanze,*
> *Stufenweise geführt, bildet zu Blüthen und Frucht.*

Die botanischen Schaubeete haben noch einige Jahre bestanden, dann ließen der
aufblühende Botanische Garten in Jena und seine berufliche Tätigkeit Goethe
öfter, auch für Wochen, in der Universitätsstadt weilen. Dietrich wurde als Hofgärtner nach Eisenach versetzt, und so fehlte dem Garten in Weimar die botanisch gebildete Kraft. Hinzu kam Christianes verständlicher Wunsch, den Garten mehr für den großen Haushalt nutzen zu können. Sie prägte von 1795 bis zu
ihrem Tode 1816 mit ihrem Wirken den Garten hinter dem Goethehaus.

DAS WIRKEN DER HAUSFRAU CHRISTIANE VULPIUS

»In Einer Nacht haben mir die Schnecken beinah alles aufgefressen...«

Wer könnte uns die Liebe zum Garten, zum Schaffen im Hause und zu den Menschen ihres Lebenskreises besser mitteilen als Christiane Vulpius (seit 1806 verehelichte Goethe) selbst? In unzähligen Briefen an den Herrn Geheimrat berichtete sie in ihrer urwüchsigen Sprache, was sie gerade bewegte. Wenn ihr auch ein Gärtner zur Seite stand, so hatte sie doch die Fäden fest in der Hand. Auch Goethe wendete sich mit seinen Vorschlägen zum Gemüseanbau an sie und nicht an den Gärtner. In vielen ihrer Briefe finden sich Stellen, die den Anbau von Gemüse betreffen.

30. Mai 1798: »Mit Deiner Arbeit ist es schön: was Du einmal gemacht hast, bleibt ewig; aber mit uns armen Schindludern ist es ganz anders. Ich hatte den Hausgarten sehr in Ordnung, gepflanzt und alles. In Einer Nacht haben mir die Schnecken beinah alles aufgefressen, meine schöne Gurken sind fast alle weg, und ich muß wieder von vorne anfangen.«[167] – 25. Februar 1797: »Der gute Schatz macht mich so oft mit allerlei glücklich, daß ich doch auch einmal zu Deiner Glückseligkeit etwas beitragen muß, und das besteht in Schwarzwurzlen, die hier folgen.«[168]

Außer den im Weimarer Raum üblichen Gemüsen gab es bei Goethe noch andere, seltene Arten, wie zum Beispiel die Artischocke, die, obwohl sie im hiesigen Klima nicht sicher gedeiht, dauerndes Heimatrecht im Garten am Frauenplan hatte. Bei jeder Gelegenheit ließ sich Goethe zudem dieses Gemüse aus Frankfurt schicken. Am 26. Juli 1821 berichtete August von Goethe seinem Vater nach Karlsbad: »Schlosser, Frankfurt kündigt eine Sendung Artischocken an.«[169] Stolz und glücklich schrieb Christiane am 19. Juli 1793: »... und aus dem Garten im Hause habe ich schon einmal Kohlrabi und zweimal Artischocken gegessen.«[170]

Verwendet wird die dicke schuppige Knospe vor dem Aufblühen. Zwei Rezepte aus dem Jahr 1797 seien hier eingefügt.

Potage von Artischockstühlen [= böden]

Nimm zwey bis drey Dutzend kleiner Artischocken, die... von einer Größe sind, kehre sie aber um, und koche sie so lange in bloßem Wasser, bis das Zähe oder Haarige abgeht. Wenn sie gekocht haben, so nimm sie wieder aus dem Topfe, und säubere sie wohl in frischem Wasser; mache nemlich das Haarige davon, und richte sie mit dem Messer um und um reinlich zu, thu sie dann mit etwas Fischbrühe in eine Kasserole und laß sie bey gelindem Feuer gahr kochen. Du mußt aber, unter den Artischocken einen großen Stuhl von Artischocken in die Mitte der Potage haben. Koche alsdenn in der Schüssel... Semmelrinden auf..., belege den Rand der Potage mit kleinen Artischocken, die große aber lege in die Mitte, gieß ein halbbraunes Krebscoulis = [durchgeseihte Brühe mit Salz, Pfeffer, Nelken, Thymian, Basilikum und etwas Zitrone] drüber und richte warm an.[171]

Artischocken zu trocknen

Schneide von guten Artischocken die Blätter und das daran befindliche harte Haarige... sauber ab, wirf sie dann in so viel frisches Wasser als dazu nöthig ist, damit sie nicht schwarz werden. Hernach nimm sie heraus, kehre sie in Mehl um, daß sie überall damit bedeckt werden, lege sie auf geflochtene Horden, oder auf ein Stück von einem Korbe, neben einnander, und trockne sie im Ofen aus. Sie verlieren ihren Geschmack nicht. Beym Gebrauch weiche sie 24 Stunden in Wasser ein, und koche sie dann wie frische.[172]

Am 30. März 1810 erhielt Christiane aus Jena eine Schachtel mit Nelkenpflanzen; in dem Begleitbrief Goethes dazu las sie: »Auch lege ich Rapontika-Samen bey, davon du die Hälfte jetzt auf ein wohlbestelltes Ländchen säen kannst, die andre Hälfte erst im May auf ein anderes. Wie diese Pflanzen übrigens zu behandeln sind, besprechen wir noch weiter mündlich.«[173] Was mögen die beiden besprochen haben? Wieder einmal kann ein altes Kochbuch weiterhelfen. Diese Ratgeber enthalten oft kulturgeschichtlich wertvolle Hinweise. So wurde nicht selten bei weniger bekannten Nutzpflanzen den Angaben zur Verwendung gleich die Anleitung zum Anbau beigegeben. Aus dem »Haushaltbuch« von 1862 erfahren wir über Rapontika (Oenothera biennis), auch Rapunzelsellerie, Stabwurzel, Rübenrapunzel genannt (nicht zu verwechseln mit Rapünzchen): Sie wird im April in lockeres, fettes Land gesät, später einzeln verpflanzt, dann oft gehackt und reingehalten. Im Herbst werden einige Wurzeln im Keller in Sand eingeschlagen, die anderen kann man später nach Bedarf ernten. Die Wurzeln werden wie Sellerie zubereitet und geben die »allerdelikateste von allen Salatspeisen«.[174] In Thüringen sagte man: »Ein Pfund Rapontika verleiht mehr Kräfte als ein Zentner Ochsenfleisch.«

Die Kartoffel, von den Indianern Südamerikas schon jahrhundertelang als Kulturpflanze genutzt, wurde 1536 von spanischen Eroberern in Kolumbien entdeckt. Ihre Einführung in Europa ist nicht völlig geklärt, sie erfolgte etwa zwischen 1550 und 1580. Die Kartoffel brauchte aber noch lange Zeit, ehe sie als Speise des Volkes allgemein anerkannt wurde. Schuld daran trug auch die Meinung zahlreicher Gelehrter, die Knolle sei giftig, weil die Pflanze zu den Nachtschattengewächsen gehört. Ähnlich erging es später der Tomate. Die Weimarer Chronik berichtet aus dem Jahre 1757: »Der Kartoffelanbau beginnt zögernd im Weimarer Gebiet Fuß zu fassen.«[175] Erst nach den Hungerjahren von 1770 bis 1772 eroberte sich die Kartoffel endgültig die Küche und verdrängte allmählich das Brot bei der Zubereitung von Speisen. In den Kochbüchern wurde sie als Gemüse aufgeführt. Im Kochbuch der Familie von Johann Georg Schlosser, Goethes Schwager, sind folgende Kartoffelgerichte unter »Gemüse« verzeichnet: »Kartoffelbrei, Kartoffeln in Rahm, Erdäpfel auf eine recht gute Art, Erdäpfel mit Petersilie«.[176]

Kartoffeltorten waren in Thüringen sehr beliebt. Goethe beschrieb in einem Brief an Christiane die Feier zu seinem 74. Geburtstag, den er 1813 in Ilmenau beging: »Bald hierauf kamen die Mütter und Grosmütter mit den Enckeln und kleinsten Kindern und brachten eine bekränzte Cartoffel Torte. Welche so heiß sie war dem Prinzen Bernh[ard] fürtrefflich schmeckte.«[177] Hier ein Rezept von 1797:

Kartoffelntorte

Koche die Kartoffeln, aber nicht zu weich, laß sie erkalten und reibe sie auf der Reibe. Rühre in einer Schüssel 1 Pf. geriebnen Zucker, von 2 Zitronen die abgeriebne gelbe Schaale nebst 16 bis 18 Eyerdottern stark untereinander und thu alsdenn 2 Pf. von den geriebnen Kartoffeln unter beständigem Rühren nach und nach dazu. Das Eyerweiß schlage zu Schnee ..., und ehe du die Torte in den Ofen bringst, so rühre [es] zur Masse. ... bey mäßiger Hitze backen, und nicht eher öffnen, als bist du glaubst, daß sie gahr sey, denn sonst fällt sie nieder. In einer Stunde ohngefähr... ist sie gut.[178]

Christianes Briefe berichteten öfter vom Kartoffelanbau im Garten. Am 2. Oktober 1799: »Ich bin itzo mit dem Obst beschäftigt. Wenn das vorbei ist, geht es an Kartoffeln und Kraut.«[179] Und nach einem Spätfrost am 6. Juni 1810: »Allen Leuten sind beinah die Kartoffel erfroren; doch die meinigen ... stehen so schön...«[180] In Goethes Bibliothek befindet sich noch heute eine Broschüre über die »Häusliche Zuckerbereitung aus Runkeln oder Kartoffelstärke, um vom Colonialzucker unabhängig zu werden«. An Seebeck schrieb Goethe am 29. April 1812 aus Jena: »Die Ökonomen sind nun schon dahinter her, welche Kartoffel die stärkereichste und zugleich an Menge der Knollen die ergiebigste ist.«[181] Und aus Karlsbad am 13. Mai 1812 an Christiane: Er habe den Postmeister »mit der neuen Zuckerfabrication« bekannt gemacht. »Was ich wünsche, daß ihr mitbringt, schreibe ich alsdann. Vergiß aber ja ein Fläschgen Kartoffelsyrup und Kartoffelzucker nicht; man ist hier sehr neugierig darauf.«[182]

Der Pflege des Obstes wurde in Christianes Zeit, aber auch nach ihrem Tode große Aufmerksamkeit geschenkt. Goethe brachte von seinen Reisen viele Anregungen mit, die sich auch und gerade in bezug auf Obstbau in seinem Garten niederschlugen. So fanden sich hier die besten Erdbeersorten, auch neue Stachelbeersorten, die aus England eingeführt wurden, wie »Golden Conquerror«, »Goliath champion«, »Die Dunkelrote«, »Meffeys black Prince« und andere. Er holte sich Rat, wenn er Schwierigkeiten beim Anbau hatte, so bei dem Handelsgärtner Harras in Jena. Im Tagebuch notierte er am 5. April 1817: »... bey Harras; ... Bemerkung wegen der Pfirsiche an den Wänden [Spalier am Haus]. Vielleicht eben so viel als die Wärme trägt der magere Stand zur Fruchtbarkeit bey.«[183]

Zum Obstbau im Hausgarten seien noch einige Brief- und Tagebuchstellen zitiert. Christiane an Goethe, Ende Juni 1793: »... die jungen Bäume hat gewiß unser Gärtner nicht tief genug gepflanzet.«[184] – 3. Juli 1801: »Auch die frühe Birn, denke ich, soll nicht ehr, bis er [der kleine August] kömmt reif werden. Und sein Feigenbaum hat 2 reife Feigen.«[185] Orangenbäumchen waren in Kübeln aufgestellt (vgl. Abb. Seite 75). Christiane am 6. Juni 1810 an ihren Ehemann: »Du schreibst mir, daß es in Karlsbad Regenwetter gibt; dieß ist aber noch lange nicht so übel als bei uns, wo es drei Nächte hindurch Eis gefroren hat. ... Dorthe ... hat in meiner Abwesenheit die Orangenbäume mit Tüchern behängt, und so sind sie gerettet; die aber im Park bei der Frau von Stein sind alle gelb ...«[186] Goethes Tagebuch, 20. Dezember 1821: »Catalog der Pfirsichbäume.«[187] Goethe an den Sohn August, 9. August 1830: »... die Aprikosen unter meinen Fenstern sind zur Reife gediehen, die Knaben [Enkel] lassen sich solche schmecken, das Mädchen [Enkelin] zieht die Kirschen vor.«[188]

An Ernst Heinrich Friedrich Meyer schrieb Goethe am 23. April 1829: »Dieß alles ereignet sich vor meinem Fenster, wo denn auch die Knospen der Zwergmandel sich zu röthen anfangen. ... und die Knospen der Birnbäume sind im Begriff sich aufzuschließen.«[189]

Weintrauben gehörten für Goethe, der aus einer Weingegend kam, zu den selbstverständlichen Genüssen. Christiane teilte ihm am 8. August 1793 mit: »Im Garten auf der Wiese geht es nun bald mit Obst an ... Und am Hause gibt es auch was. Besonders sehr viel Wein, den, hoffe [ich], sollst Du selbst noch am Stocke sehen.«[190]

Nicht weniger Sorgfalt als der Anbau und die Pflege von Obst und Gemüse erforderten die Ernte und das »Einmachen«, wie es Christiane nannte, das für die Hausfrau und ihre Gehilfinnen mit viel Arbeit verbunden war. Es gab eine Reihe von Möglichkeiten, die Ernte des Gartens für längere Zeit aufzubewahren, und es darf uns nicht wundern, wenn zum Neujahrstag im Hause Goethe Blumenkohl auf dem Tisch stand. Einiges verraten uns Briefe, und auch Koch-, vor allem aber Haushaltbücher gewähren Aufschluß, wie vielseitig die bürgerliche Küche dank dem »Einmachen« auch in den Wintermonaten sein konnte. Eine kleine Übersicht und einige Anleitungen mögen uns mit den zum Teil heute nicht mehr üblichen Verfahren bekannt machen.

Einsalzen	– Bohnen, grüne Erbsschoten
Milchsäuregärung in Steintöpfen	– Sauerkraut, saure Gurken
Konservieren mit Essig und Gewürzen	– Kürbis, Melonen, Kirschen
Trocknen	– Obst und Gemüse
Einmieten im Keller in Sand oder	– Kohl und Wurzelgemüse
im Garten in Gruben	
Marmelade und Mus	– Früchte
Herstellen von haltbaren	– Früchte oder Blüten
Süßigkeiten durch Kandieren,	
Lattwerge und Konserven	

Kirschen ein zu machen.

Nimb fein großen Kirschen, schneidt die stiel ab, dan nim geleüterten Zucker so viel daß sie bedeckt sindt, laß sie kochen, probire ihn auff einem leder daß sauber ist, daß der safft nicht Nehr fliehet, dan thue sie in einen Krug, oder glaß so sindt sie recht.[191]

Christiane an Goethe, 25. Juli 1793: »Ich will alleweile in Garten und Kirschen lassen pflücken, es werden welche eingemacht und auch gedörrt.«[192] Und am 2. Oktober 1799: »Ich habe sehr viel Zwetschgen getrocknet und Äpfel.«[193] – Am 5. Oktober 1799 schrieb die Hausfrau: »Auf künftige Woche werde ich (Zwetschgen) Muß kochen. Hier sind gar keine Nüsse mit Schalen zu haben; könntest Du mir Mittewoch etwas mitschicken, so geschäh mir ein großer Gefalle, ich muß grüne Schalen ins Muß haben.«[194] Das Muskochen im Kessel war bis vor wenigen Jahren in Thüringen sehr verbreitet. Das Mus wurde bei leichtem Feuer stundenlang gerührt, bis es dick genug war, um in Steingutgefäße abgefüllt zu werden. An der Rührstange war eine Kette befestigt, die auf dem Kesselboden entlangstrich und das Anbrennen verhinderte.

Spargel lange gut zu erhalten

Schneide das Harte davon ab, koche ihn mit Wasser, Salz und Butter einmal auf, wirf ihn dann in frisches Wasser und laß ihn ablaufen. Wenn er kalt ist; so lege ihn in ein Gefäß, darinnen er in der Länge liegen kann, thu Salz, ganze Nelken und Zitronenschaale dazu, gieße Brunnenwasser und Weinessig, von jedem gleich viel drauf, übergieße ihn zuletzt mit geschmolzner Butter, lege ein leinenes Tuch drüber, decke ihn dann gehörig zu, und setze ihn an einen kühlen Ort. Willst du ihn brauchen, so wässere ihn gehörig aus, und koche ihn wie frischen Spargel.[195]

Blumenkohl von November bis Januar gut haltbar

Die ganze Pflanze in einer Grube längs dem Grunde einer Mauer angelegt 18 Zoll [40 cm]. An einem trockenen Tag nimm die Pflanze aus der Erde, wickele die Blätter um das Blumenhaupt und lege die Pflanzen in die Grube mit dem Kopfe schräg abwärts, so daß die Wurzeln die Häupter bedecken, mit Erde sorgfältig überziehen, von der Mauer her abdachen, glatt klopfen, so ist der Blumenkohl haltbar.

Goethe schrieb an Christiane, die gerade bei seiner Mutter in Frankfurt weilte: »Zuerst also muß zum Lobe der Köchin gesagt werden, daß sie ihre Sachen vortrefflich macht... Am grünen Donnerstag hatten wir uns Kohlsprossen bestellt und Honig zum Nachtisch ...«[196] Wenn man die Kohlstrünke im Herbst stehen läßt, treiben sie im Frühjahr wieder aus, werden behackt und geben bald den vorzüglichen Sprossenkohl.

Ein schön Lattwerg von Kirschen undt Himberen

Nimb ein Pfundt Wein-Kirschen, undt Ein Pfundt hiembern zu samen in eine Pfanne, einen gutten schoppen Wein daran, Lass über dem feüer sieden, biß recht. Dan durch ein tuch gewunden, zu dießem safft gehören drey Viertel Pfundt Zucker. Laß Wieder in der Pfan sieden, biß Er auff einem zinneren teller stehen bleibt, du kanst auch Citronen schahlen so klein alß müglich drein schneiden, Wan Er auff einem Zinnenteller stehet, kanstu ihn in die schächtlein thun.[197]

Condirte Johannes beerlein zu machen

Nimb die Johannes beerlein wasch sie, Laß sie wieder trucken Werden, ziehe sie durch ein tragant Wasser [Schleim aus den Stämmen von Astragalusgewächsen des Mittelmeerraums, Binde- und Klebemittel], hernach nimb zarten gerädenen [gesiebten] Zucker, besäe sie wohl, damit auff allen seithen, biß sie allenthalben von Zucker wohl überdeckt Werden, setze sie Eine kleine Weile in die Sonne.[198]

Der unermüdlich tätigen Hausfrau und Gärtnerin hat Goethe in der »Zweiten Epistel« Dank und Anerkennung gezollt:

Alles, was ihr die Jahreszeit gibt, das bringt sie bei Zeiten Dir auf den Tisch und weiß mit jeglichem Tag die Speisen Klug zu wechseln, und reift nur eben der Sommer die Früchte, Denkt sie an Vorrath schon für den Winter. Im kühlen Gewölbe Gährt ihr der kräftige Kohl, und reifen im Essig die Gurken; Aber die luftige Kammer bewahrt ihr die Gaben Pomonens.[199]

DIE BLUMEN DES GARTENS

»...die Rabatten vor Deinen Fenstern schmücken die schönsten gefüllten Tulipanen...«

Den Blumen waren die Rabatten um die Gemüseflächen und die Beete am Haus vorbehalten, soweit die Obstgehölze noch Platz freiließen. Drei Wochen vor ihrem Tod, am 18. Mai 1816 schrieb Christiane ihrem Gemahl über die Blumen: »Dein Garten steht gegenwärtig in seiner größten Pracht, und es macht wirklich verdrüßlich, daß die üble Witterung so wenig im Freien zu sein erlaubt. Die Apfelbäume blühen in höchster Fülle, es steht Blüthe an Blüthe, die Rabatten vor Deinen Fenstern schmücken die schönsten gefüllten Tulipanen, deren schöne Farben die stolzen Kaiserkronen verdunkeln, und trotz der geringen Wärme und den kühlen Nächten reift doch alles der Vollkommenheit entgegen.«[200]

Die Liebe zu Blumen finden wir in Goethes Tagebüchern durch kurze Eintragungen bis ins hohe Alter belegt. 18. Oktober 1809: »Spatzieren nach Belvedere, die Treibhäuser besucht. Farbenspiel der Viola tricolor [Stiefmütterchen].«[201] – 25. September 1817: »Mit den Kindern nach Belvedere, die blühende Yucca zu sehen.«[202] – 24. September 1818: »Trigridia pavonia [Pfauenlilie] blühte recht schön im Garten.«[203] – 4. März 1822: »Die ersten Krokus waren hervorgekommen.«[204] – 20. Februar 1825: »Erste Märzenglöckchen durch die Kinder entdeckt.«[205] Veilchen. Leberblümchen, Aurikel, Christrosen, Akelei (Abb. rechts) und andere kleine Stauden folgten, bis die Sommerblumen, wie Astern, Reseda, Mohn, Levkoje, Ringelblume und viele andere, sie ablösten.

Die seit langer Zeit allgemein bekannten Gartenblumen, wie Akelei, Maiglöckchen, Veilchen, Maßliebchen, Schwertlilie, werden auch in Goethes Hausgarten gestanden haben. Einige wurden in früheren Zeiten auch offizinell genutzt, wie manchmal schon der deutsche Name sagt: So hieß zum Beispiel die alte, rote Bauernpfingstrose (Paeonia officinalis) auch Gichtrose. Die Madonnenlilie (Lilium candidum) – Goethes Tagebuch, 13. Juni 1829: »Die Lilie war in diesem Jahre zur höchsten Vollkommenheit gediehen und eben im Begriff, die Blüthen zu entwickeln.«[206] – finden wir schon neben der Rose im Klostergarten von Reichenau. Außer ihrer symbolischen Bedeutung als Blume der Maria hatte sie auch eine heilende Funktion. Walafried Strabo, der dichtende Abt dieses Klosters, besingt sie wie folgt (um 840 im »Hortulus«):

Akelei (Aquilegia vulgaris)

Und wenn die tückische Schlange
Listiger Art gesammeltes Gift aus verderblichem Munde
Spritzt und grausamen Tod durch kaum erkennbare Wunde
Sendet ins innerste Herz, dann zerreibe Lilien im Mörser,
Trinke den Saft, dies erweist sich als nützlich, mit schwerem
Falerner.
Oder bei Quetschungen lege man sie auf die bläuliche Stelle,
Alsbald wird man auch hier zu erkennen vermögen die Kräfte,
Die diesem heilenden Stoffe gegeben sind, Wunder bewirkend.
Schließlich ist Liliensaft auch gut bei Verrenkung der
Glieder.[207]

Um 1800 war die Nelke zur Modeblume geworden. Immer wieder aus Samen vermehrt, entwickelte sie bald sehr viele Farbvarianten, die als »Sorten« gehandelt wurden. Ein ausführlicher Pflanzenkatalog von Rat Wolfgang Wedel, Jena, mit Nelkensorten befindet sich in Goethes Bibliothek. In seinem Tagebuch lesen wir unter dem 30. März 1810: »Kasten mit Nelken [aus Jena] nach Weimar.«[208] (Abb. Seite 90) Sehr geschätzt und in den Hausgärten in vielen Farben vertreten waren auch die Aurikel, die heute leider etwas in Vergessenheit geraten sind.

Im 18. Jahrhundert wurde eine Reihe von Pelargonienarten aus Südafrika in Mitteleuropa eingeführt, die erfolgreiche Bastardzüchtung machte sie bald in den Gärten bekannt und beliebt. Auf einer Ausstellung des »Vereins für Blumistik und Gartenanlagen«, der 1829 in Weimar unter dem Protektorat der Großherzogin Maria Pawlowna gegründet wurde und dessen einziges Ehrenmitglied Goethe war, befanden sich sieben verschiedene Pelargoniensorten. Die in Töpfen gezogenen Pelargonien wurden im Freien auf Stellagen dicht nebeneinander aufgestellt. Goethes Tagebuch, 5. Juni 1809: »Abends spatzieren ... bey Rath Wedel im Garten [in Jena]. Vorzüglich blühende Pelargonien und Geranien.«[209] Für Christianes Scherben- (Topf-) Gewächse ließ Goethe eine Stellage bauen, die im Sommer im Weimarer Hausgarten stand. (Abb. Seite 97 und 102)

Wo Goethe auch auf seinen Reisen Halt machte, immer besuchte er Gärten, immer wieder begegnete er neuen Pflanzen, die er nicht selten später in seinem Garten zu Hause ansiedelte. So schrieb er am 31. Mai 1815 aus Wiesbaden an Christiane: »Unter den Pflanzen ist mir eine gefüllte Lychnis [Lichtnelke] vorgekommen, als Gartenschmuck das schönste was man sehen kann, auf den Herbst hoffe ich soll man uns Pflanzen schicken.«[210] Oder am 6. Juni 1809 aus Jena: »In einem langen Kasten erhältst du vierundzwanzig Diptampflanzen. Laß sie gleich im Garten herum setzen, wo sie noch anzubringen sind: denn deine Rabatten sind wohl schon voll genug.«[211] (Abb. Seite 91)

Wie wohl jeder Gartenfreund hatte auch Goethe Lieblingsblumen, dazu gehörten besonders die Rosen, ebenso die Malven (Stockrosen), die hauptsächlich im Garten am Stern zu finden waren, sowie die Dahlien, die als eine späte Liebe in den Garten am Frauenplan einzogen. Die ersten Dahlien in Europa wurden Ende des 18. Jahrhunderts aus Samen im Botanischen Garten in Madrid gezogen. Diesen Samen erhielt Abbé Cervantes, der Direktor dieses Gartens, aus Mexiko. Alexander von Humboldt, den Goethe persönlich kannte, brachte von seiner Reise nach Mexiko ebenfalls Samen mit. Er schrieb in einem Brief: »Als ich 1804 nach Frankreich zurückkam, existierte die Georgine [Dahlie] bereits in Frankreich und England. Wir verbreiteten die Georginen in den Pariser Gärten, in ganz Deutschland und im Norden. Herr Otto, Direktor des Berliner Botanischen Gartens hat mehr als einer dazu beigetragen, die Kultur der Dahlien auszubreiten. Es gab vor meiner Rückkunft nur violette Varietäten, die roten und orangefarbenen sind durch uns eingeführt worden. Ich habe also die Dahlie keineswegs zuerst gesehen, sondern unsere Reise hat lediglich dazu beigetragen, diese schöne Pflanze allgemeiner zu verbreiten und ihre Varietäten zu vervielfältigen.«[212] Die erste gefüllte Dahlie entstand 1808 in Karlsruhe, 1831 züchtete man in England die anemonenblütigen. Besonders die Hofgärtnereien betrieben die Zucht dieser willigen Pflanze. 1812 war sie bereits in Belvedere bei Weimar. Der Hofgärtner Sckell beschenkte den jungen Christian Deegen aus Köstritz mit einigen einfach blühenden Dahlien; dieses Geschenk bildete den Anfang der noch heute führenden Dahlienzucht in Bad Köstritz in Thüringen. Im Garten am Goethehaus sollen die ersten Dahlien 1814 gestanden haben. Wir wissen, daß Goethe auch Dahlien aus Tonndorf bei Bad Berka bezog. Es ist anzunehmen, daß die rasche züchterische Entwicklung dieser »Mexikanerin« auch in Goethes Garten zu erleben war. Goethes Tagebuch, 24. September 1817: »Georginen und

1. Zinnia revoluta.
2. Zinnia grandiflora.
3. Zinnia sulphurea.
4. Zinnia verticulata.
5. Zinnia elegans purpurea.
6. Zinnia elegans alba.
7. Zinnia elegans violacea.
8. Zinnia elegans coccinea.
9. Zinnia multiflora lutea.

Dahlie (Georgine, Dahlia Hybride,
früher Dahlia variabilis).
Kolorierter Kupferstich aus:
Allgemeines Teutsches Gartenmagazin.
Band 4. Weimar 1819
Stiftung Weimarer Klassik,
Herzogin Anna Amalia Bibliothek

Nelke (Dianthus caryophyllus).
Kolorierter Kupferstich aus:
Allgemeines Teutsches Gartenmagazin.
Band 4. Weimar 1819
Stiftung Weimarer Klassik,
Herzogin Anna Amalia Bibliothek

Seite 92/93
Hausgarten am Frauenplan

Zinnien (Zinnia angustifolia und Zinnia peruviania)
und Halskrausendahlie (Dahlia variabilis »Libretto«) in Goethes Hausgarten

Seite 96
Gartenpavillon am Frauenplan

Pfeifenwinde (Aristolochia macrophylla) an der Giebelwand des Hinterhauses
beim Kräutergarten

Astern [bei Madame Dreyßig in Tonndorf] waren noch immer vorzüglich…«[213] – 25. September 1827: »An den Salon [Tempelherrenhaus im Park an der Ilm] gegangen um die schön blühenden Georginen zu sehen.«[214] – 18. April 1831: »Schreiben von Dr. Schottin in Köstritz, mit Sendung von Georginenbollen.«[215] Noch in unserer Zeit blühen im Garten zum Geburtstag des Hausherrn viele Dahlien. – Die Pflanze ist versehentlich zweimal getauft worden; der richtige Name lautet Dahlie, Georgine hatte sich allerdings besonders im 19. Jahrhundert fest eingebürgert (Abb. Seite 90 links und 94 unten).

Tb. IV.

Pelargonium quercifolium.

Geranie (Pelargonium quercifolium).
Aquarell aus: Dr. Friedrich Gottlieb Dietrich. Die Linnéschen Geranien.
Weimar 1801.
Stiftung Weimarer Klassik, Herzogin Anna Amalia Bibliothek

FAMILIENLEBEN IM GARTEN UND GARTENFREUNDE

»..., daß wir noch mannichmal im Garten am Hause schlampampsen können...«

Der Garten bildete für die Familie Goethe ein Stück Lebensraum, in dem sie sich wohlfühlte. In den Briefen klang das immer wieder an. Christiane an Goethe, 14. Juni 1793: »Wenn Du nur unsern Garten sehen sollst, er ist schön, daß man sich gar nicht heraussehnet. Ach Gott, wenn die schöne Tage erst wieder kommen, wo wir zusammen drin herumgehen...«[216] – 5. Juli 1793: »Ich befinde mich nicht besser als zu Hause, im Garten bei meinem Büb-chen...«[217] – Mitte Juli 1793: »Wenn du nur wiederkömmst, wenn noch schöne Tage sind, daß wir noch mannichmal im Garten am Hause schlampampsen kön-nen...«[218] – Ende Juli 1793: »Das Abendbrot wird meist im Garten verzehrt.«[219] – 9. April 1795: »Das Bübchen ... sagt: ›Wenn er doch nur da wär und sähe, wie es so schön im Garten wird.‹«[220] – Auch Gäste wurden in das Gartenleben ein-bezogen. Christiane an Goethe, 24. Mai 1810: »Frau von Humboldt ... läßt dich vielmals grüßen, und ehe sie weggeht, will sie noch einen Abend bei mir im Gar-ten zubringen.«[221] Goethe sehnte sich auf seinen Reisen immer wieder in sein Wei-marer Anwesen zurück. An Christiane schreibt er am 12. Juli 1801: »Lebe recht wohl, beschäftige dich mit deinen Gärten, wo ich mit dir vergnügt bald herum zu wandlen hoffe. ... Mit Freuden werde ich Koppenfelsens Scheungiebel wieder se-hen und dich an mein Herz drücken...«[222] (Gemeint ist das erste und zu der Zeit einzige Haus gegenüber in der Ackerwand neben dem »Welschen Garten«.)

Der kleine Sohn August hatte auch im Hausgarten sein eigenes Reich. Dem Va-ter berichtete er am 8. Juni 1798: »Am vorigen Mittwoche habe ich mich in dem Hausgarten in einem Brühfasse gebadet...«[223] Am 27. März 1799: »Ich habe meist im Garten gespielt...«[224] Und am 20. November 1799: »In dem Hausgarten baue ich mir einen Pferdestall.«[225] Später durften sich Augusts Kinder, Goethes En-kel, im Garten tummeln.

Wie schon erwähnt gab es zu Goethes Lebzeiten viele begeisterte Garten-freunde in Weimar, die ihren Gärten ein ganz persönliches Gepräge verliehen. Sie kannten sich, besuchten sich gegenseitig, tauschten Erfahrungen aus und wohl auch Pflanzen. Die meisten dieser Gärten sind verschwunden. An Hand von Aufzeichnungen und Bildern können wir uns einige Anlagen heute noch recht gut vorstellen. Hinter dem heutigen Wielandplatz, zwischen Marien- und Amalien-

D.WILH.HEINR. SEBAST.BUCHOLZ

Herzogl. Sachsen Weimarischer
Bergrath und Hofmedicus.

K. VIII. 53.

Dr. Wilhelm Heinrich Sebastian Buchholz, Apotheker und Gartenfreund.
Kupferstich von Konrad Westermayr nach Christoph Gutbier.
Stiftung Weimarer Klassik, Goethe-Nationalmuseum

straße befand sich der Garten von Dr. Wilhelm Heinrich Sebastian Buchholz. Goethe erinnerte sich dieses Mannes in der »Geschichte seiner botanischen Studien« wie folgt: »Dr. Buchholz, Besitzer der damals einzigen Apotheke, wohlhabend und lebenslustig, richtete mit ruhmwürdiger Lernbegierde seine Thätigkeit auf Naturwissenschaften. … Chemie und Botanik gingen damals vereint aus den ärztlichen Bedürfnissen hervor, und wie der gerühmte Dr. Buchholz … sich in die höhere Chemie wagte, so schritt er auch aus den engen Gewürzbeeten in die freiere Pflanzenwelt. In seinem Garten hatte er nicht die officinellen Gewächse nur, sondern auch seltenere, neu bekannt gewordene Pflanzen für die Wissenschaft zu pflegen unternommen.«[226] (Abb. oben).

Christoph Martin Wieland, seit 1772 in Weimar, hatte sich an der heutigen Steubenstraße, nicht weit von der Lottenmühle entfernt, 1776 einen Garten gekauft. In einem Brief an Friedrich Heinrich Jacobi schrieb er am 10. Mai 1776: Der Garten ist »gerade so, wie ihn ein Müßiggänger meiner Art vonnöthen hat; Bäume genug, um Schatten zu haben, und groß genug, daß meine Mädchen sich müde darin laufen können.«[227] Und am 16. April 1777 an Johann Heinrich Merck: »Ich sitze also ruhig unter den Bäumen meines Gartens; und wär' es nicht hart, daß ich von den 110 schönen Apfel- Birn- und Kirschbäumen, die ich vergangnen Herbst gepflanzt habe, die Früchte nicht essen sollte? ... Ich werde mich hier an den schattigen Rand der kleinen rieselnden Lotte hinsetzen, die nicht weit von meinem Garten fließt, und vergebliche Projecte machen, wie ich sie durch meinen Garten fließen machen könnte...«[228] Am 3. Juni 1778 erfährt Merck: »Ich habe zwey Gärten, einen unmittelbar am Haus, wo ich Erbsen, Bonen, allerley Kohl und Gemüse und Wurzelwerk ziehe..., und den andern etwan 500 Schritte weit vom Hause, der ungefehr 3 mal so groß wie jener ist, und worinn, außer einer Menge Rosen (von Blumen meine einzige Liebhaberey) und etlichen geruchreichen Staudengewächsen und ein paar Lauben, auch gar nichts ist, daß nicht bloß um's Nutzen willen da wäre.«[229] Goethes Tagebuch, 1. Juli 1776: »... in Wielands Garten.«[230]

Friedrich Justin Bertuch, selbst leidenschaftlicher Gartenliebhaber, gab in seinem Industrie-Comptoir das »Allgemeine Teutsche Gartenmagazin« heraus. In einem der Hefte (1811) beschrieb er Blumenhügel, die er in seinem Garten angelegt hatte, und empfahl sie als Gestaltungselement in Englischen Gärten. Diese Beete waren drei Meter lang, zwei Meter breit und in der Mitte siebzig Zentimeter hoch, außen mit je einer Sorte Rosen oder Stauden bepflanzt, in der Mitte Tuffs von Malven oder Sonnenblumen.[231] Bertuch soll besonders schöne Rosen besessen haben. Ob die »Kaiser-Centifolie«, die er 1808 beschrieb, wohl auch in Goethes Garten gekommen ist? »Diese prachtvolle Rose überschreitet alle anderen Rosen-Arten so sehr an Größe und Reichthum der Blüte, daß man sie mit Rechte ... Riesen-Rose nennen könnte; ich habe sie aber zu ihrer Auszeichnung die KaiserCentifolie genannt. Sie gehört ihrer Form, Farbe und Baue nach zur Gattung der rothen Centifolien. Ihr Strauch ist stark und wird 3 bis 4 Fuß hoch, das junge Holz ist violetroth von Farbe, mit außerordentlich vielen starken Dornen besetzt, und reich belaubt. Die Blätter sind meistens fünflappig, und die einzelnen Blättchen tief gezahnt; die obere Seite dunkel- die untere weißgrün von Farbe. Sie vermehrt sich leicht durch Wurzelschossen... Die Hauptblume hat 4 volle Zoll im Durchmesser, und ist außerordentlich stark gefüllt; sie treibt gewöhnlich 9 bis 10 Blumen auf Einem Stängel, so daß ein einziger Zweig davon das prachtvollste Bouquet macht. Die Farbe ist etwas hochroth... Man muß sie alle Jahre stark beschneiden, und ihr nicht viel altes Holz lassen... Ich würde daher Liebhabern... rathen, alle Jahre einige junge Ausläufer davon zu pflanzen, und die Mutterstöcke nicht über 4 Jahre alt werden zu lassen. Auf diese Art kann man diese Prachtblume stets in ihrer Vollkommenheit erhalten.«[232]

DER HAUSGARTEN
BIS ZU GOETHES TOD

»Je älter ich werde, je mehr vertrau ich auf das Gesetz
wonach die Rose und die Lilie blüht.«

Der mehrfach erwähnte »Welsche Garten« hatte 1792 schon an Bedeutung verloren; die Mauer fiel, die Pflege wurde vernachlässigt, Teile des Gartens gab man in Pacht. Goethe schrieb am 6. Juni 1809 an Christiane: »Mit den Bauplätzen im welschen Garten wollen wir uns nicht abgeben. So viel kann ich dir zum Troste sagen, daß die Häuser weit hineingerückt werden und uns eine nahe Nachbarschaft künftig nicht zur Last fällt.«[233]

Der östliche, 1757 abgetrennte Teil des Hausgartens war 1783 in den Besitz des Nachbarn Treuter übergegangen, der das angrenzende Haus in der Seifengasse bewohnte. Aus einem Brief Christianes an Goethe vom 31. Mai 1815 geht hervor, daß sich das Ehepaar Goethe mit dem Gedanken trug, Haus und Garten der Treuters zu erwerben: »... die Treutern ist sehr krank, und ich vermuthe, daß ich sie nicht wieder lebend antreffen werde. Wenn Du daher Augusten erinnern wolltest, daß er die Sache nicht in der Dämmrung ließe, oder gäbst geradezu Genasten den Auftrag, wie Du es fürs zweckmäßigste hältst; denn es sind schon einige Liebhaber da, und meinen Gedanken nach dürfte es uns hier auf einige hundert Thaler nicht ankommen.«[234] Am 11. Juli 1815 antwortete Goethe: »Wegen des Treuterischen Hauses ist Vorsehung getroffen.«[235]

Ein knappes Jahr später, am 8. Juni 1816, notierte Goethe ins Tagebuch: »Meine Frau früh um 4 Uhr begraben. ... Im Garten.«[236] Wenige Worte nur. Christianes Zeit war vorbei, wie sollte es in Haus und Garten weitergehen?

Seit ihrem Tode fehlte in Haus und Garten die leitende Hand. Nach der Heirat des Sohnes mit Ottilie von Pogwisch im Jahre 1817 zog das junge Paar in die Mansarde des Vorderhauses ein. Im gleichen Jahr ging der ehemals abgetrennte Gartenteil aus dem Besitz des Nachbars Treuter an die Familie Goethe über, damit hatte das Grundstück wieder die Größe wie zur Zeit der Erbauung des Hauses. Mit diesem Kauf kam auch das Gartenhaus an der Ackerwand (oft als Treutersches Gartenhaus bezeichnet) zurück; ein ganz ähnliches, mit einer Außentreppe zum ersten Stockwerk versehenes befindet sich am Westende des Gartens direkt am Frauenplan (Abb. Seite 96). Die Entstehungszeit dieser beiden Gebäude ist nicht genau bekannt, dem Baustil nach müssen sie zu Anfang des 18. Jahrhunderts errichtet worden sein. Goethes Tagebuch, 2. September 1817:

Goethes Hausgarten.
Kolorierter Kupferstich bei Eduard Lobe, um 1825.
Stiftung Weimarer Klassik, Goethe-Nationalmuseum

»Reinigung des vormaligen Treuterischen Gartenhauses.«[237] Das Häuschen wurde zur Aufnahme der Mineraliensammlung Goethes und des Sohnes August bestimmt; sie befindet sich heute noch dort und kann in Sonderführungen besichtigt werden. In dem Gartenpavillon am Frauenplan war im oberen Raum auch eine geologische Sammlung aufbewahrt, deren Stücke wohl meist aus Böhmen stammten, wie eine Tagebucheintragung des alten Goethe vom 9. April 1831 vermuten läßt: »Nach Tische im Garten bis gegen Abend. Die Gebirgsfolgen in dem Gartenhaus am Frauenthor durchgesehen. Die Erinnerung wie solche gesammelt worden, die Örtlichkeiten und Personalitäten recapitulirend.«[238] Der untere Raum wurde dagegen mehr in Verbindung mit dem Garten genutzt. Eckermann berichtete über einen besonders schönen Frühlingstag im März 1831: »Goethe ließ in einem Pavillon am Garten decken, und so aßen wir denn heute wieder im Freien. ... Wir gingen nach Tisch ein wenig im Garten auf und ab und hatten unsere Freude an den blühenden weißen Schneeglöckchen und gelben Krokus. Auch die Tulpen kamen hervor, und wir sprachen über die Pracht und Kostbarkeit der holländischen Gewächse solcher Art.«[239]

Jetzt kümmerte sich August von Goethe um die Bestellung des Gartens. Der Gärtner Köhler aus Taubach stand ihm dabei zur Seite. Schon im Frühjahr 1817 wurde mit der Umgestaltung begonnen. Der Gartenmittelpunkt rückte weiter nach Osten (vgl. mit dem Plan von 1792) und wurde nun Zentrum des gesamten Gartenareals. Die neue Wegeführung hat sich im wesentlichen bis heute nicht mehr verändert (vgl. mit dem Plan von Seite 104 und Abb. oben).

Am 19. März desselben Jahres wurde die Cornushecke gepflanzt, die Goethe auch mit dem in hiesiger Gegend gebräuchlichen Namen Herlitzenhecke bezeichnete (Herlitze = Kornelkirsche = Cornus mas). Es gibt keine Belege dafür, daß diese Hecke zweireihig mit einem Weg dazwischen gewesen ist, wie in manchen Beschreibungen behauptet wird. Das Zurücksetzen dieser Hecke um 1 1/2 Fuß im Januar 1820 hatte einen schönen starken Austrieb zur Folge.

Düngung und Bearbeitung des neuerworbenen Gartenteils, der noch eine Zeitlang als »Treutergarten« bezeichnet wurde, waren sehr vernachlässigt worden. So bestand die Hauptaufgabe in den ersten beiden Jahren darin, diesem Übel abzuhelfen.

Der Garten hinter dem 4. Nachbarhaus in der Seifengasse, dem »Geyerschen« Haus, grenzte jetzt an den Goethegarten, da zu den drei unmittelbaren Nachbarhäusern keine Gärten gehörten. Am 9. April 1818 begann der Bau einer Gartenmauer zu diesem Anwesen hin, die am 9. Mai 1818 vollendet war. Sechs Pfirsichbäume wurden an diese Mauer gesetzt. Diese Obstbäume wollten nicht recht gedeihen, obwohl sich Goethe schon vor der Anpflanzung fachmännisch beraten ließ.[240] Noch einmal im Jahre 1821 wurden elf neue Bäume gesetzt, deren Herkunft und Sorten überliefert sind, die aber bereits 1832 wieder entfernt werden mußten (siehe Goethes letztes Gartenmemorandum Seite 56).

Goethe pflegte seinen Garten gegen die Blicke seiner Nachbarn abzuschirmen. So ist auch anzunehmen, daß die für 1818 erwähnte «neue Rosenhecke im Treutergarten« in der Verlängerung der Rabatten am Haus als Sichtschutz gegen die drei gartenlosen Nachbarhäuser angelegt worden war.

Auch nach Christianes Tod betrieb man den Spargelanbau weiter. Im Herbst 1818 »wurde das Quartier im sogenannten Treutergarten nach der Mauer rigolt und zu einer Spargelanlage verarbeitet«[241]. Im Frühjahr 1819 wurden sechs Beete mit Spargel angelegt. Die Pflanzen stammten zum Teil aus eigenen Anzuchtbeeten, die übrigen wurden bei Gärtner Harras in Jena gekauft. Goethe wie auch der Sohn August standen im Briefwechsel mit erfahrenen Spargelgärtnern aus Ulm und bezogen ebenso von dort Spargelpflanzen, mit denen fünf weitere Beete im oberen Garten 1822 belegt wurden. Damit gab es jetzt auf dem ehemaligen Treuterschen Gelände elf Spargelbeete. Tagebuch, Jena, 22. September 1821: »Der Ulmer Spargelgärtner.« – 28. September 1821: »An meinen Sohn das Ulmer Spargelbuch zurück.«[242] August von Goethe trug folgendes ein: »Februar 1822 Ulmer Spargelbeete gemacht, welche mit kleinen Pflanzen belegt werden sollen...« Und im März: »Im oberen Garten wurden 5 Beete Spargel mit Ulmer Pflanzen angelegt, welche am 7. März angekommen, die Pflanzen waren von besonderer Größe und Schönheit.«[243] Von dem 1819 gepflanzten Spargel wurde bereits 1821 bis zum 1. Juni gestochen und die Ernte täglich gewogen.

Nach dem Bau des Torhauses ließ Goethe die Mistbeete im hinteren, westlichen Gartenteil neu anlegen und auch die Treppe zum Gartenzimmer in diesem Frühjahr (1822) erneuern; 15 Wagen Ilmsand wurden in die Wege gefahren.

Es ist durchaus möglich, daß um 1825/26 ein neues, bisher unbekanntes Gemüse im Hausgarten zu finden war. In Augusts Aufzeichnungen gibt es Berichte über Meerkohl (Crambe maritima), dazu Ausschnitte aus dem »Wochenblatt des Landwirtschaftlichen Vereins in Baiern« vom 9. August 1825, Nr. 45, über den »Meerkohl, eine in Baiern noch wenig bekannte, sehr schmackhafte Gemüseart« sowie von Sckell in München Kopien von zwei Aufsätzen: »Die Kultur des Seekohls in England« und »Die Kultur des Meerkohls«.[244] Dazu aus dem Lexikon: »Crambe L. (Meerkohl), Gattung der Kruziferen, Kräuter oder Halbsträucher mit dickem, wie die ganze Pflanze blaugrünen, reich verzweigten Stengel... C. maritima L. ausdauernd, mit ... Ausläufer treibendem Wurzelstock, wurzelständigen, rundlichen, fast fleischigen, buchtig gezahnten, kahlen Blättern, wird... als Gemüsepflanze kultiviert. Man genießt die jungen, durch Bedecken mit einem Topf oder einer Strohkappe gebleichten Triebe im Februar und März wie Spargel. Sie... haben die Gestalt eines ... Tannenzapfens... und werden nahe an dem Wurzelhals abgeschnitten, wenn sie 16-18cm lang geworden sind.«[245]

1821 wurde der seit 1816 in Weimar als Oberbaudirektor tätige Clemens Wenzeslaus Coudray beauftragt, den Raum um den heutigen Wielandplatz neu zu gestalten. Bei dieser Umgestaltung verschwand das Spritzenhaus. Das alte, die Straße einengende Tor mit dem Wohnhaus wurde abgebrochen und eine neue

Goethehaus mit Hausgarten.
Ausschnitt aus dem Stadtplan von Johann Valentin Blaufuß, 1822.
Thüringisches Hauptstaatsarchiv, Weimar

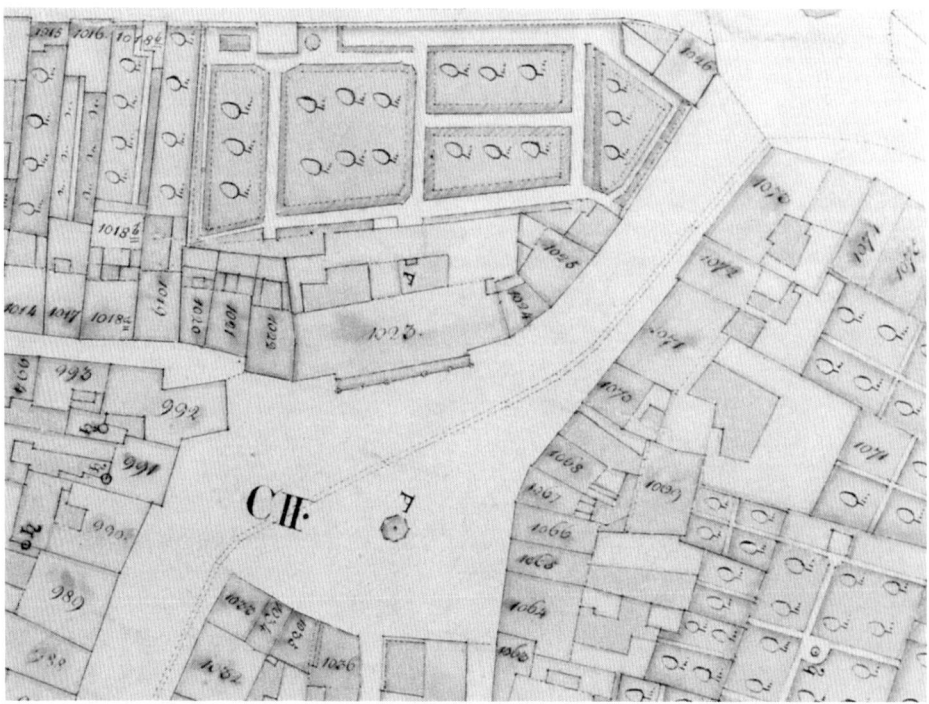

Torhaus am Wielandplatz.
Bauzeichnung von Clemens Wenzeslaus Coudray, 1821.
Stiftung Weimarer Klassik, Herzogin Anna Amalia Bibliothek

Chaussee- und Pflastergeldeinnahme auf einem Stückchen Land erbaut, das Goethe zu diesem Zweck abtrat. Er knüpfte allerdings die Abtretung dieses Gartenteils an die Bedingung, daß das neue Torhäuschen keine Fensteröffnung nach seinem Garten erhalten dürfe. So ist das kleine, mit seinen Baufluchten den Linien des Frauenplans und der Ackerwand folgende Haus ganz zum heutigen Wielandplatz hin orientiert (Abb. oben).

Der schon eingangs erwähnte Brunnen am Frauenplan ist einer der ältesten Laufbrunnen der Stadt. Das Wasser kam aus Quellen im Kirschbachtal und dem Wallendorfer Grund. Es wurde zunächst in Brunnenstuben gefaßt und dann in »Röhrenfahrten« – fest miteinander verbundene, längs durchbohrte Fichtenstämme – zur Stadt geleitet. Eine Leitung verlief längs der Steubenstraße – Ackerwand zum Markt, eine Abzweigung (Wielandplatz) über den Frauenplan. Außer den öffentlichen Brunnen gab es noch eine Reihe von Privatbrunnen, die entweder aus eigenen Quellen gespeist wurden oder das unentbehrliche Naß aus dem öffentlichen Versorgungsnetz bezogen, wofür die Besitzer einen jährlichen Wasserzins bezahlten. Nach August von Goethe wurden im November 1820 neue Rohre von der Ackerwand durch den Hausgarten zum Brunnen im Hof verlegt. Die Wasserleitung von der Röhrenfahrt an der Ackerwand zum Hofbrunnen war also bereits längere Zeit vorhanden. 1821 wurde der Frauenplan neu gepflastert. Der alte hölzerne Brunnentrog, der schon mehrmals geflickt worden war, mußte ersetzt werden. Coudray, dem als Vorsitzenden der Chauseebau-Kommission auch die Aufsicht über die Röhrenfahrten und Brunnen oblag, entwarf den achteckigen gußeisernen Brunnenkasten mit der vierseitigen Brunnensäule, wie er heute noch am Frauenplan steht. Er trägt die Jahreszahl 1822 und den Namenszug CA (Carl August).

Die beiden kleinen, in den siebziger Jahren des 18. Jahrhunderts erbauten Bürgerhäuser Frauenplan 3 und 4 (nach Recherchen des Archivars Dr. Wolfgang Huschke wurde das Haus Nr. 4 um 1770 durch den rührigen Bauunternehmer des klassischen Weimar, den Hofjägermeister Georg Hauptmann errichtet), die sich im Nordwesten an das Goethehaus anschmiegen, kamen noch zu dem Goetheschen Besitz hinzu, Nr. 4 kurz vor Goethes Tod, Nr. 3 erwarben die Erben 1834.

1819 war Goethe 70 Jahre alt, er reiste nicht mehr so viel. Die Enkel Walther und Wolfgang hielten sich oft bei ihm auf, und er empfing wieder häufiger prominente Gäste in seinem Haus, mit denen er meistens auch im Garten weilte, so den Gartenkünstler Fürst Pückler-Muskau, Alexander von Humboldt, Graf Sternberg und andere. Am 4. Mai 1827 vermerkt er im Tagebuch: »Mittags Gäste. Die Herren von Groß, von Waldungen, Ampère, Stapfer, Riemer und Eckermann. ... Nach Tische mit den Herren im Garten.«[246]

Es fällt auf, daß in den Aufzeichnungen Goethes jetzt öfter von Blumenbeeten die Rede ist, das heißt; der Garten wurde nicht mehr im bisherigen Ausmaß wirtschaftlich genutzt. 19. März 1819: »Beet zu den Astern wurde im Garten gegraben und eingerichtet. ... Pflanzung der Astern, 50 Sorten.«[247] – 28. März 1819: »Zwiebeln und Pflanzen von Hofadvocat Weber.«[248] – 10. April 1821: »Im Garten, die neuen Blumenbeete eingerichtet.«[249] Es könnte sein, daß hier die Rundbeete gemeint waren, die auf einer Lithographie von 1830 im westlichen Gartenteil zu erkennen sind, ebenso auf Fotos um 1900 bis in die zwanziger Jahre unseres Jahrhunderts (Abb. rechts).

Die Aster, eine bevorzugte Blume des alten Goethe, fand in diesen Jahren neben der Dahlie oft Erwähnung. August von Goethe schrieb an den Vater am 12. September 1819: »Die Asternflor vor Ihrem Fenster ist jetzt ganz einzig und nur zu bedauern, daß sie nicht von Ihnen gesehen wird. ... sonst fängt es an, ganz herbstlich bei uns zu werden.«[250] Am 14. September lesen wir: »... gegen 6 Uhr Thee getrunken im Garten am Haus, sehr schöner Abend, herrlicher Anblick der Asternflor...«[251] Und am 22. September: »Der Garten sieht noch ganz munter aus, und die Astern blühen noch schön.«[252]

Aus diesen Angaben geht nicht genau hervor, ob die Sommeraster, wie wir sie heute in mehr als 150, meist gefüllten Sorten in unseren Gärten haben – Callistephus sinensis (syn. Aster sinensis) – oder die Stauden- bzw. Herbstastern – Aster novi belgii und Aster novae angliae – gemeint waren. Die erstgenannte wurde 1728 aus Ostasien eingeführt, war zunächst recht unscheinbar mit sparrigem Wuchs und mußte züchterisch bearbeitet werden. Im Pflanzenverzeichnis von Rat Wedel (Jena) von 1798 werden von Aster sinensis bereits 12 Sorten angeboten. Die Herbstastern kamen 1686 und 1700 zu uns, wurden also schon länger in den Gärten kultiviert, der Sortenreichtum ist erst in jüngerer Zeit erreicht worden. Bekannt ist nur, daß Goethe mit einer Pflanzensendung (ohne Angabe des Datums) Aster ericoides, eine Erikaaster (Staude) erhielt. Diese Art ist sehr reich mit kleinen Blüten besetzt und blüht erst Mitte September. Samen von Blumen, auch von Gemüse ließ Goethe größtenteils im eigenen Garten ernten.

August meldete für 1819 und 1821 gute Samenjahre infolge günstiger Witterung, besonders erwähnt sind Bohnen und Blumen.

Goethe tauschte mit vielen Briefpartnern Blumensamen. Einen großen Teil der Pflanzen zog man, soweit sie nicht direkt ins Freiland ausgesät wurden, im eigenen Erdkasten heran.

Bei aller Freude am Blühen im eigenen Garten setzte Goethe bis an sein Lebensende auch die botanischen Studien an lebenden Pflanzen fort. So ließ er sich zum Beispiel durch die Ansichten des Botanikers Karl Friedrich Philipp von Martius aus München über die Spiralität der Pflanzen zu eigenen Forschungen auf diesem Gebiet anregen.

Goethes Tagebuch, 13. Oktober 1829: »Ich wendete meine Gedanken zu dem Vorkommen der Spiralgefäße in dem Bau der Pflanzen.«[253] – 21. Januar 1830: »Einiges zur Lehre der Spiraltendenz im Pflanzenleben, bezüglich auf die gestern erhaltenen Mittheilungen.«[254] – 28. Oktober 1830: »Einiges zur Spiraltheorie. ... Starke brachte die Zeichnungen einer Weinranke.«[255] – 17. Januar 1831:»Den Aufsatz über die Spiraltendenz angegriffen.«[256] In diesem Aufsatz bemerkt er, daß in jeder Pflanze zwei Kräfte, eine vertikale und ein Spiralsystem, wirken. Die vertikale Tendenz ist der geistige Stab, welcher das Dasein begründet und auf lange Zeit zu erhalten fähig ist. Das vertikal aufsteigende System ist der Faden bei den Annuellen, das Holz bei den ausdauernden Pflanzen, das Spi-

Goethes Hausgarten mit Rundbeeten, um 1900

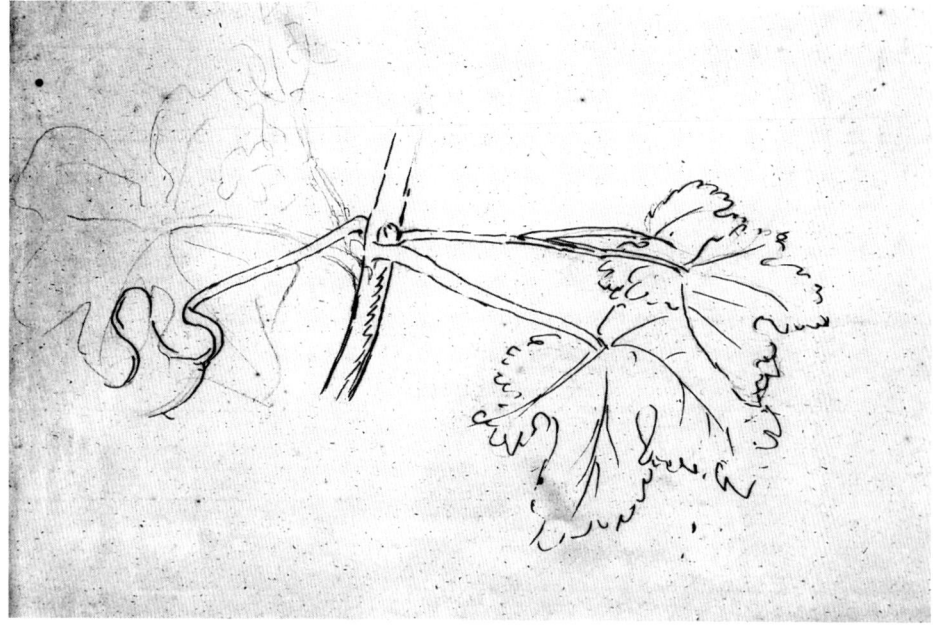

Weinranke. Zeichnung von Johann Wolfgang Goethe.
Stiftung Weimarer Klassik, Goethe-Schiller-Archiv, Weimar,
Corpus V B, 144 a-c

ralsystem ist das Fortbildende, Vermehrende, Ernährende, das sich in Spiral-
bewegung um das Vertikale bildet. Beide Kräfte müssen im Gleichgewicht sein
und bringen so das Vollkommenste hervor. Beim Lein überwiegt eine durchge-
setzte Vertikalkraft, deshalb sind die Fäden nur durch Rösten von der äußeren
Hülle zu trennen. Ein Übergewicht der Spiraltendenz ist bei allen Convolveln
(Schlinggewächsen) vorhanden, sie können weder steigend noch kriechend ihre
Existenz fortsetzen, sondern suchen etwas Geradaufsteigendes, an dem sie sich
emporwinden. Goethe erklärt dies an der rankenden Winde: »Man denke sich
nun Convolvel und Stange, beide gleich lebendig, aus einer Wurzel aufsteigend,
sich wechselsweise hervorbringend und so unaufhaltsam fortschreitend. ... Die
rankende Pflanze sucht das außer sich, was sie sich selbst geben sollte und nicht
vermag.«[257] Besonders wichtig sind ihm die Gäbelchen oder Vrillen, mit denen
sich manche Pflanzen festhalten, z.B. Erbsen, Wicken und Wein.

Gerade mit dem Wein beschäftigte sich Goethe während seines »großen Dorn-
burgaufenthaltes von Juli bis September 1828 sehr eingehend. Er leitete daraus
auch Schlußfolgerungen über dessen richtige Behandlung ab.

1827 erschien die 4. Auflage des Buches »Verbesserter praktischer Weinbau
in Gärten und vorzüglich auf Weinbergen« von J.S. Kecht (Lackierer und Fa-
brikant in Berlin). Goethe, der dieses Buch in Dornburg studierte, fand darin
seine Erkenntnisse über den Aufbau des Weinstocks bestätigt. Kechts Methode,
den Weinstock zu schneiden, sagte ihm so zu, daß er sich später entschloß, den

alten Stock an seinem Haus, den er 1792 mit übernommen hatte, nach Kecht »methodisch verstümmeln« zu lassen, um wieder besseren Ertrag zu haben. Den Erfolg hat er nicht mehr erlebt. Goethes Tagebuch, 10. November 1831: »Nach 1 Uhr Kunstgärtner Motz im Garten, den uralten ungarischen Weinstock nach Kechtischer Methode zurecht zu schneiden. Er versprach für's nächste Jahr bis achtzig Trauben; in dem laufenden waren kaum sechs daran zu finden gewesen.«[258] Die Eintragungen im Tagebuch während der Dornburger Zeit verzeichnen fast täglich Beobachtungen, Gespräche oder Lektüre über den Wein (Abb. links).

Nach dem Tode des Sohnes 1830 in Rom lebte Goethe mit der Schwiegertochter Ottilie und den drei Enkeln Walther, Wolfgang und Alma im Haus am Frauenplan. Er genoß seinen Garten und auf Ausfahrten die nähere Umgebung der Stadt. Noch immer trafen Pflanzen für den Garten ein. Regelmäßig ließ sich Goethe vom Gärtner den Arbeitsplan für den nächsten Monat vorlegen und gab seine Anweisungen dazu. Der greise Dichter bekannte, daß er sich »ein halbes Leben mit dem Wachstum der Pflanzen und Bäume beschäftigt« habe.[259] Am 9. November 1829 schrieb er an Karl Friedrich Zelter: »Je älter ich werde, je mehr vertrau ich auf das Gesetz wonach die Rose und die Lilie blüht.«[260]

Im August 1831 unternahm Goethe noch einmal eine Fahrt in den Thüringer Wald. In dem Städtchen Ilmenau verlebte er seinen 82. Geburtstag. Viele Erinnerungen an seine Tätigkeit als Minister, dem auch der Bergbau in dieser Gegend unterstand, an den trefflichen Menschenschlag, an die Pflanzen, wie Moose und Schwämme (Pilze), die er hier fand, werden ihn zu dieser Fahrt bewogen haben. Im Tagebuch notierte er am 28. August: »Wir fuhren über Martinroda zurück; begrüßten unterwegs die dicke Eiche, die ich nun schon bald sechzig Jahre kenne.«[261] Und am 30. August: »Ich fuhr allein auf der Chaussée bis gegen Martinroda. Beobachtete noch einmal die dicke Eiche.«[262] War es ein Abschied von einem alten Freund?

In dem kleinen Schlafzimmer im Hinterhaus, dessen einziges Fenster nach dem Hausgarten zeigt, ist Goethes Leben am 22. März 1832 erloschen. In der Fürstengruft auf dem neuen Friedhof, wo Carl August seit 1828 ruhte und wohin man Schillers Sarg 1827 überführt hatte, wurde nun auch Goethe beigesetzt.

HAUS UND GARTEN
AM FRAUENPLAN
ALS GOETHE-GEDENKSTÄTTEN

D as Tagebuch schwieg, und es gab auch keine Briefe mehr, die etwas über den Hausgarten berichteten. Goethes Gärtner Ferdinand Herzog wird wohl noch die für März vorgesehenen Arbeiten erledigt haben. Von Ottilie wissen wir, daß sie Bäume in den Garten pflanzen ließ, von welcher Art ist nicht erwähnt. Walther von Goethe schrieb an seine Mutter aus Weimar am 31. Juli 1864: »... nicht unangenehm wird es Dir sein zu hören, daß Madame Dicentra [gelesen: Diclytra] geb. spectabilis sich schon seit vorigem Jahre im Hausgarten vor des Apapas Fenstern breit macht; ich werde einige ihrer jüngeren Familienmitglieder veranlassen nach Deinem Garten im Park [gemeint ist der Garten am Gartenhaus] zu übersiedeln, da Du Dich für das Blühen dieser Familie interessierst...«[263] Es kann sich hier nur um das Tränende Herz [Dicentra spectabilis] handeln, das 1846 aus China nach England kam und von dort nach Deutschland.

Nach dem Tod Walther von Goethes gingen Haus und Garten, an denen in den Jahrzehnten seit 1832 fast nichts verändert wurde, laut Testament in den Besitz des Großherzogtums über und wurden am 8. August 1885 zum »Goethe-Nationalmuseum« erklärt. Nach umfangreichen Baumaßnahmen konnten die eigentlichen Wohnräume Goethes im Hinterhaus am 24. Mai und die Räume des Vorderhauses am 3. Juli 1886 der Öffentlichkeit übergeben werden. Vom Hausgarten gibt es einen Situationsplan aus dem Jahre 1886. Er weist aus, daß sich an der Wegeführung im wesentlichen nichts geändert hat. Der ziemlich große Gartenmittelpunkt ist von Laub- und Nadelbäumen umgeben, auch die Rundbeete sind eingezeichnet, die schon die Lithographie von 1830 wiedergibt. Eine Fotografie von 1886 zeigt am besten den Zustand des Gartens, in dem die Gehölze viele Jahre unkontrolliert wachsen konnten (Abb. rechts und Seite 112 oben). 1889 wurden drei Nachbarhäuser in der Seifengasse von der Goethe-Gesellschaft aufgekauft und aus Gründen der Brandsicherheit abgerissen (Abb. Seite 112 unten). Der Garten reichte jetzt an die Seifengasse heran und bekam dort einen Abschluß in Form einer hohen Mauer mit aufgesetztem Eisengitter.

1903 erging eine Petition an das großherzogliche Staatsministerium. Die 135 Unterzeichner baten, der Großherzog möge die Prüfung der Frage anordnen, ob

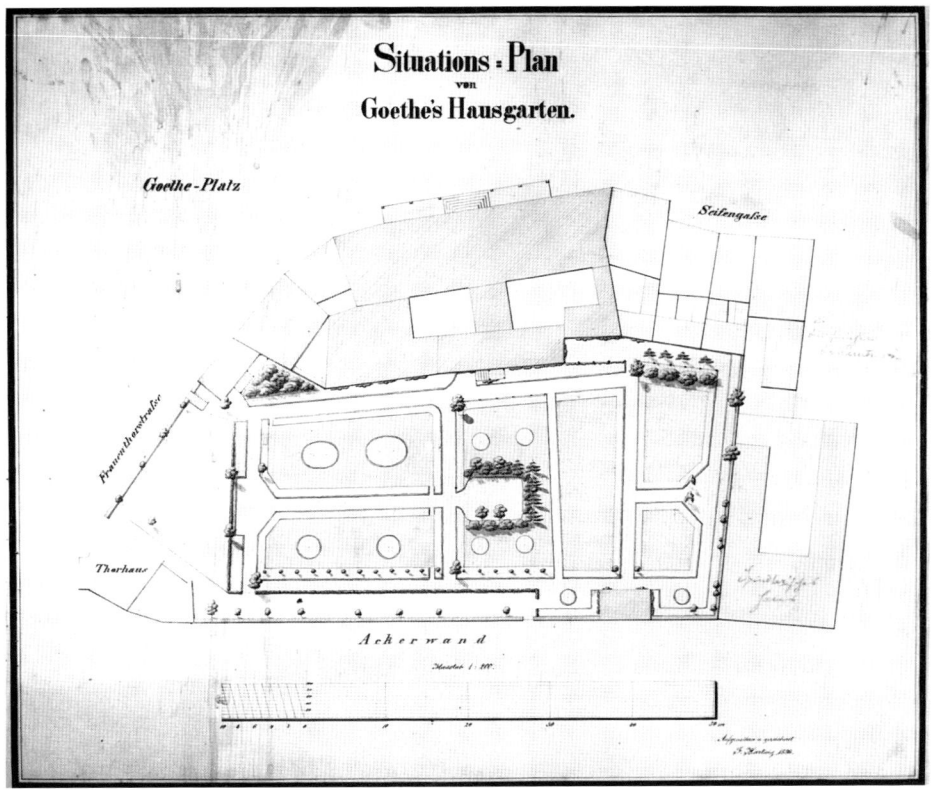

»Situations-Plan von Goethes Hausgarten«.
Kolorierte Graphitzeichnung von Julius Hartwig, 1886.
Stiftung Weimarer Klassik, Goethe-Nationalmuseum

a) die Mauer an der Ackerwand aus Verkehrsgründen teilweise niederzulegen und b) das Torhaus wegen Enge und Dumpfheit im Garten und Feuergefahr abzureißen sei. Der Beschluß lautete, daß nichts verändert wird. Im Gutachten des Goethe-Nationalmuseums heißt es: »Von allen Stätten aus Weimars klassischer Zeit ist keine so vollständig in ihrer Eigenart erhalten geblieben, als das Goethe-Haus mit seinem Garten. Goethes Enkel hatten es mit ängstlicher, ja peinlicher Sorgfalt gehütet, und als im Jahre 1885 das Goethe-Nationalmuseum errichtet wurde, war man äußerst gewissenhaft darauf bedacht, das durch die Zeit Beschädigte genau wieder so herzustellen, wie es zu Goethes Zeit gewesen... [-] An den Hausgarten wurde nur insoweit die Hand gelegt, als es nöthig war, um der Verwilderung vorzubeugen. Seine Anlage, selbst die Gemüsebeete, ließ man unberührt.« Es folgte ein Hinweis auf das Testament, nach dem 30 000 Mark zur Erhaltung von *Haus und Garten* bestimmt seien. Bezüglich der Mauer wurde noch betont, daß sie wesentlich sei als Schutz für die hinteren Gebäude. Zum Garten hieß es: »Der Hausgarten ist nicht eng und dumpf. ...Die in diesem Jahre vorgenommenen umfassenden gärtnerischen Arbeiten, welche indessen an dem

Goethes Hausgarten mit Fichtenbestand entsprechend dem Plan
von Julius Hartwig.
Foto Louis Held, 1886

Frauenplan mit Baulücke neben dem Goethehaus, Zustand 1889 bis 1913

früheren Bilde des Gartens nichts verändert haben, gewährleisten das Gedeihen des Gartens.«[264]

Die Fülle der Goetheschen Sammlungen machte einen Erweiterungsbau zum Goethe-Nationalmuseum notwendig. Dieser »Sammlungsbau« wurde 1913/14 in der 1889 durch den Häuserabriß entstandenen Baulücke am Ostende des Goethehauses errichtet. Durch die Tür des Neubaus, der dem Baustil des Wohnhauses angeglichen worden ist, treten heute die Besucher ein. Von einem kleinen Hof, der sich hinter dem Sammlungsbau befindet, führt eine Treppe nach dem höher gelegenen Garten. Der Teil hinter dem Sammlungsbau wurde 1914 als Garten des Hausmeisters von der übrigen Gartenfläche mit Maschendrahtzaun und Hecke abgetrennt (Abb. unten). Auf diesem Winterfoto sind auch die drei großen Laubbäume zu sehen, die nach der Entfernung der Fichten das Gesamtbild des Gartens für Jahre bestimmten. Die Robinie, links im Bild an der Strauchgruppe, die den Sitzplatz des Gartenmittelpunktes umgibt, ist zwischen 1930 und 1935 gefällt worden. Die große Esche neben dem Gartenhaus am Frauenplan hat man nach 1949 entfernt. Die Linde existiert noch heute. Dicht am Hinterhaus stand die mächtige, 1955 gefällte Blutbuche, die uns von dem Gemälde des Malers Franz Huth vertraut ist. In der Mitte reckt sich der Bergahorn empor, heute, nachdem er sich nach allen Seiten hin voll entfalten konnte, der beherrschende Blickpunkt des Gartens. Wie lange noch?

Bei der Erhaltung historischer Gebäude liegen die Ausmaße der Substanz fest, während bei Gärten und Parkanlagen nur der äußere Rahmen konstant ist, der

Hausmeistergarten in Goethes Hausgarten, Zustand 1914 bis 1931

Inhalt aber größtenteils aus lebendem, sich stetig wandelndem Material besteht. Bäume und Sträucher nehmen an Größe und Umfang zu, wodurch sich die Licht- und Sichtverhältnisse verändern, und haben nur eine begrenzte Lebensdauer. Ein historischer Garten muß deshalb dauernd unter Kontrolle bleiben, wenn er das gewünschte Bild einer bestimmten geschichtlichen Epoche behalten soll. Jeder größere Eingriff, besonders in den Baumbestand, verlangt eine gewissenhafte Entscheidung der Verantwortlichen. Ein Beispiel dafür ist die Blutbuche am Hinterhaus. Im Nachlaß des Landschaftsgärtners Hermann Schüttauf fand sich sein Gutachten vom 1. April 1954 zum Garten des Goethe-Nationalmuseums. Darin heißt es: »Die an der rückwärtigen Front des Goethehauses stehende alte Rotbuche befindet sich in einem Zustand ihrer Entwicklung, der die Frage aufwirft, ob ihr Verbleiben noch zu rechtfertigen ist. Höhe und Umfang des Baumes stehen nicht mehr in einem Verhältnis zu dem langgestreckten Baukörper. Der Baum deckt die Rückfront des Hauses in einem Maße ab, das kaum noch vertretbar erscheint. Zudem ist der Schönheitswert und der Gesundheitszustand in seinen Stammpartien zweifelhaft.«[265] Am 22. Dezember 1955 ging ein Schreiben von Alfred Jericke, dem damaligen Direktor des Goethe-Nationalmuseums, an Schüttauf mit der Bitte, sich nochmals schriftlich über die Notwendigkeit der Fällung dieser Buche zu äußern. Zugleich teilte er mit: »… gegenwärtig, weil es die Jahreszeit erlaubt, wird die Blutbuche Ihrem damaligen Rate entsprechend gefällt.«[266] Das von Schüttauf am 1. Januar 1956 erstellte Gutachten nahm den schon zitierten Wortlaut auf und ergänzte diesen durch folgende Bemerkungen: »… hinzuzufügen wäre, daß Goethes Arbeitszimmer, Schlafzimmer und Bibliothek durch den Baum in einem nicht mehr vertretbaren Maße verdunkelt werden und daß die Entnahme einzelner Astpartien einerseits keine Verbesserung der Belichtung schafft und andererseits der Baum doch nur verstümmelt wird und an Schönheit mehr und mehr verliert.«[267]

In den Jahren 1931 bis 1935 wurde zwischen Ackerwand und Seifengasse auf einem angekauften Grundstück ein Museumsbau errichtet, der den Garten im Osten abschließt (Abb. rechts). Durch diese Baumaßnahme konnte der Garten des Hausmeisters als »Neue Anlage« wieder an den Goethegarten angegliedert werden, wenn auch zunächst noch durch einen weißen Zaun von diesem getrennt.

Damit hatte der Garten wieder die Ausmaße wie zur Zeit der Erbauung des Goethehauses 1709 erreicht (Abb. Seite 116).

Leider haben sich bis jetzt noch keine Bilder oder Aufzeichnungen gefunden, die den Garten unmittelbar nach Kriegsende darstellen.

Im Vorfeld von Goethes 200. Geburtstag am 28. August 1949 sollte der Hausgarten des Dichters ebenso wie der Garten am Stern wieder in einen würdigen Zustand versetzt werden. Karl Foerster und seine Gruppe von Gartengestaltern erarbeiteten auch hierfür Gutachten und Planungen, deren praktische Umsetzung in den Händen der Weimarer Firma Baczkiewicz lag. Die Zeit drängte, denn noch im Jahre 1948 mußten die Vorbereitungen für die Bepflanzung beendet sein.

Aus Karl Foersters Begleitschreiben zu der Kostenaufstellung von Walter Funke an Professor Hans Wahl läßt sich einiges über den Zustand des Gartens

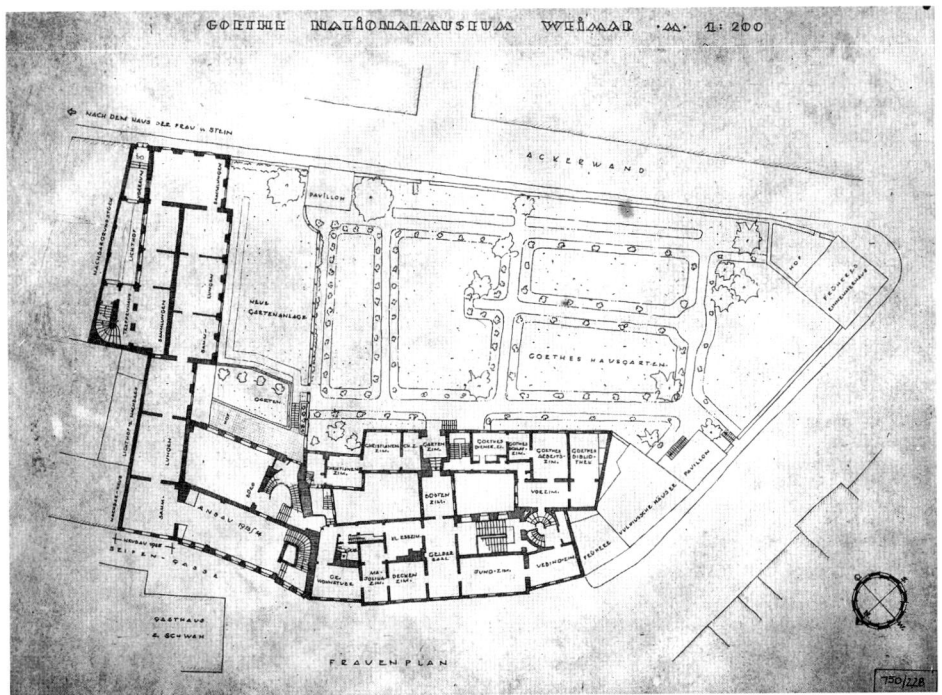

Plan des Goethehauses mit Sammlungsbau, Museumsbau und Hausgarten,
nach 1935

entnehmen: »Goethes Garten am Frauenplan. Hier handelt es sich darum, den
Raumgedanken und die ganze Intimität dieses Gartens wieder herzustellen und
die Blumen wiederzugeben, die zu Goethes Zeiten dort geblüht haben. Man hat
sich hierbei natürlich vor jedem falschen, modernen Ton zu hüten, darf jedoch
alle jene altmodischen Pflanzenarten und Farben in Züchtungen und Sorten heu-
tiger Zeit einfügen, weil sie die alte Tonart mit gesteigerter Wirkung hervorbrin-
gen. Der Buchsbaum muß in Zukunft in winterharten Sorten gepflanzt werden,
wobei man sein Wachstum durch tiefgründige Auswechslung des Bodens seiner
Pflanzstellen zu sichern hat, der bisherige Frostschaden hat seinen Grund auch
in der langsam entstandenen Bodenmüdigkeit. Bei der Bepflanzung der Rabatten darf nicht zu nahe an den Buchsbaum herangegangen werden, er verträgt
wohl Fern- aber keinen Nahschatten.«
  Eine Ligusterhecke war an die Stelle des weißen Zaunes an der «Neuen Anlage« getreten. Foerster schlug folgendes vor: »Der Abschluß dieses Gartenteils
gegen den Museumsbau hin muß in solcher Höhe durchgeführt werden, wie dies
nur mit geschnittenen Lindenheistern (5-6m) möglich ist. Die bisherige Ligusterhecke wirkt ernüchternd und aus dem Rahmen fallend.«
  Foerster konstatierte, daß ein sehr großer Teil der Rasenflächen mit Giersch
durchwachsen wäre. Die Entfernung dieses mit unterirdischen Ausläufern ver-
sehenen Unkrauts sei eine sehr kostspielige, aber unerläßliche Arbeit. So müß-

»Neue Anlage« mit Zaun, Blick vom Museum in Goethes Hausgarten, um 1935

ten 1000 Quadratmeter Rasenfläche und 350 Quadratmeter Pflanzfläche ein-
einhalb Spaten tief umgegraben werden. Die Rosen auf den Rabatten der beiden
Rasenflächen vor den Fenstern von Goethes Arbeitszimmer sollten, wie Foerster
vorschlug, »in diesem Sommer genau beobachtet werden, um die Schönsten auch
für später beizubehalten und für weniger Schöne schon langsam größere Er-
satzpflanzen heranzuziehen, die natürlich auch dem Charakter des Gartens zu
entsprechen haben«[268]. Von Walter Funke liegt ein Gartenplan vor, in dem die
Standorte aller für den Garten vorgesehenen Pflanzen eingetragen sind. Bei den
Blumen handelte es sich ausschließlich um ausdauernde Stauden und um Zwiebelgewächse. Auffallend ist die große Zahl schattenliebender Pflanzen. Beim genauen Betrachten bemerkt man, daß dieser Gartenteil, obwohl an der Südseite
des Hauses gelegen, infolge der großen Bäume und der Hecke viel mehr be-
schattete Pflanzflächen hatte als heute. Inwieweit der Plan Funkes realisiert werden konnte, ist nicht genau festzustellen, zumal Buchsbaum und viele Blumenzwiebeln, vorwiegend Lilien, aus dem »Westen« geholt werden sollten. Ein großer
Teil der vorgesehenen Stauden wurde am 6. November 1948 von der Großgärt-
nerei Karl Foerster geliefert und bis zur Pflanzung im Hausgarten eingeschlagen. Die Lieferung enthielt unter anderem 60 Schwertlilien (Iris germanica) in 9
Sorten, 65 Phlox in 8 Sorten, 46 Rittersporn (Delphinium) in 4 Sorten und 50
Farne.[269]

Die vorgesehene Lindenhecke war nicht zur Ausführung gekommen, wie Fotos von 1956 erkennen lassen. Die Ligusterhecke ist entfernt worden, an ihrer

Stelle säumt eine Blumenrabatte mit Buchsbaumabschluß die Wiese vor dem 1935 errichteten Museumsbau.

Einige Jahre später schrieb Walter Funke etwas enttäuscht über den Garten an Professor Gerhard Scholz in Weimar: »Als ich neulich in Weimar war, habe ich mir noch einmal eingehend die Gärten der Goethehäuser angesehen, und ich halte es für notwendig, Ihnen über meine Feststellungen zu berichten. Der Garten am Frauenplan befindet sich in einem besseren Pflegezustand [als der Garten im Park]. Jedoch sind vor allem die Pflanzungen unter der großen Buche und der Rabatte am Haus zu ergänzen. Das wären hier vor allem Pflanzen, die im Schatten gedeihen und eine bodenbegrünende Wirkung ausüben.« Es folgt eine Aufstellung, in der Lungenkraut, Immergrün, Taubnessel, Lerchensporn, auch einige Waldgräser genannt werden. »Der an der Hauswand gepflanzte Wein wird hier nicht gedeihen, da die Buche zu viel Schatten wirft. Diese Pflanzen müßten durch wohlriechendes Geißblatt ersetzt werden. Auch dieser Garten bedarf einer gründlichen Pflege und Bodenverbesserung. Falls die Mittel für eine laufende Betreuung nicht zur Verfügung gestellt werden können, müßte aber doch erreicht werden, daß eine Beaufsichtigung der dann eventuell mit eigenen Kräften durchgeführten Pflege durch einen Fachmann vorgenommen wird.«[270]

Seit Mitte der sechziger Jahre dieses Jahrhunderts wurde Goethes Hausgarten mit dem Ziel behandelt, ihn weitgehend so zu gestalten und zu pflegen, wie ihn der Dichter in den zwanziger Jahren des 19. Jahrhunderts erlebt hatte, das noch Vorhandene zu erhalten, das Störende zu entfernen, Neues behutsam einzufügen. Die Weiterentwicklung der Stadt hat auch das Umfeld des Goethe-Nationalmuseums verändert. Die gegenüberliegende Seite der Ackerwand wurde mit mehrstöckigen Häusern bebaut. Seit die Fußgängerzone in der Innenstadt besteht, führt der Hauptverkehr am Wielandplatz vorbei, und ein nicht unbeträchtlicher Teil fließt durch die Ackerwand. Dafür ist der Frauenplan wieder weitgehend vom Verkehr entlastet. Kaum zu glauben, daß einst die Straßenbahn am Goethehaus vorbeifuhr!

Im Garten hat sich nur wenig verändert; die Gemüsebeete sind nicht mehr vorhanden, und auch die Rundbeete auf den Rasenflächen gibt es nicht mehr. Unumgängliche Bauarbeiten, die der Erhaltung der Museumsgebäude dienten, zogen oftmals das Umland stark in Mitleidenschaft. Wenn sie auch keine reine Freude für den Gärtner waren, so konnten doch bei dieser Gelegenheit kleine positive Veränderungen am Garten vorgenommen werden. Die Wiese am Museum wurde während des Umbaus von 1980 bis 1982 als Bautrasse genutzt. Nach Abschluß der Arbeiten wurde das Treutersche Gartenhaus wieder freigestellt und, wie auf dem Bild zu sehen ist, 1983 eine Nachbildung der alten Blumenstellage (vgl. Abb. Seite 102) neben diesem Gebäude aufgestellt. Auf dem Beet oberhalb der Mauer zum Hof am Sammlungsbau stehen jetzt an Stelle der modernen Teehybriden Centifolien und Moosrosen. Im Winter 1980/81 mußten drei sehr hohe Kornelkirschen in der Strauchgruppe am großen Bergahorn in der Mitte des Gartens entfernt werden; sie hatten andere Gehölze bedrängt und als dunkle Mauer die Sicht durch den Garten gestört. Dafür wurden dort ein Bastardindigo (Amorpha), zwei chinesische Fliederbäumchen, ein Blasenstrauch und ein Perückenstrauch gepflanzt. Im westlichen Gartenteil wurden im gleichen Winter zwei Eschen (Wildwuchs) gefällt. Der Buchsbaum ist auf großen Strecken 1984 durch neue Pflanzen ersetzt worden. Nur am Weg zum Treuter-Gartenhaus wurde die Kante mit Aurikeln, auch eine Modeblume der Goethezeit, bepflanzt, weil der Buchsbaum durch den Rauch aus dem Schornstein des Goethehauses nicht mehr gedeihen wollte. 1990 konnte dieser Mißstand durch den Einbau einer Gasheizung behoben werden.

1979 schenkte Professor Erasmus Hultzsch, einer der besten Kenner dieses Unikums unter den Bäumen, dem Garten ein Ginkgobäumchen. Die zweihäusigen Ginkgobäume waren einst vorherrschend, haben aber bei uns die letzte Eiszeit nicht überlebt und wurden in Ostasien wiederentdeckt. Die ersten kamen 1735 nach Utrecht und fanden von dort in Europa Verbreitung. Der große männliche Baum an der Musikhochschule, dem einstigen Fürstenhaus, wurde 1813 vom Hofgärtner Sckell gepflanzt. Goethe hatte die »Zweilappige Silberaprikose« (Ginkgo biloba) in Frankfurt kennengelernt. Beeindruckt von der eigenartigen Form des Blattes, das sich im Herbst goldgelb färbt, erhob er es zum Liebessymbol in der Zwiesprache zwischen Hatem und Suleika im »Westöstlichen Divan«:

> *Dieses Baums Blatt, der von Osten*
> *Meinem Garten anvertraut,*
> *Gibt geheimen Sinn zu kosten,*
> *Wie's den Wissenden erbaut.*

> *Ist es Ein lebendig Wesen,*
> *Das sich in sich selbst getrennt?*
> *Sind es zwei, die sich erlesen,*
> *Daß man sie als Eines kennt?*

> *Solche Frage zu erwidern*
> *Fand ich wohl den rechten Sinn;*
> *Fühlst du nicht an meinen Liedern,*
> *Daß ich eins und doppelt bin?*[271]

Professor Hultzschs Baum wurde auf der Wiese vor dem Museum gepflanzt und hat sich gut entwickelt (Abb. rechts).

Auf den Rabatten sollen möglichst viele von den Pflanzen zu sehen sein, die für den Goethegarten bis jetzt nachgewiesen wurden. Im Herbst wird zwischen Blumenzwiebeln und Stauden die Bepflanzung für das kommende Frühjahr vorgenommen, mit Stiefmütterchen, Goldlack, Nachtviole, Vergißmeinnicht, Tausendschön usw. Die Sommerblumen werden im Frühjahr in kleinen Tuffs ausgesät und später verpflanzt. Der größte Teil der Blumenpflanzen wird jedoch von der Gärtnerei in Belvedere angezogen und getopft geliefert. Sie ersetzen zur Wende vom Mai zum Juni die Frühlingsblumen, und so dauert es nicht lange, bis der Garten wieder blühende Rabatten zeigt, zwischen denen sich die Dahlien als Herbstblüher entwickeln.

Im Anhang wird dargelegt, wie eine an Goethe gerichtete Sendung von 17 Staudenpflanzen für die Bepflanzung des Gartens in unserer Zeit herangezogen werden kann. Die Gattungen sind meist bekannt, bei der Art aber hat sich häufig der Name geändert, oder sie ist nicht mehr in Kultur. Eine Hilfe sind dann gute Beschreibungen oder Abbildungen in zeitgenössischen Pflanzenbüchern. So war

Ginkgo biloba. Kolorierter Kupferstich von Philipp Franz von Seibold aus: Flora japonica. Hrsg. J. G. Zuccarini. Teil 2. Batava 1870. Stiftung Weimarer Klassik, Herzogin Anna Amalia Bibliothek

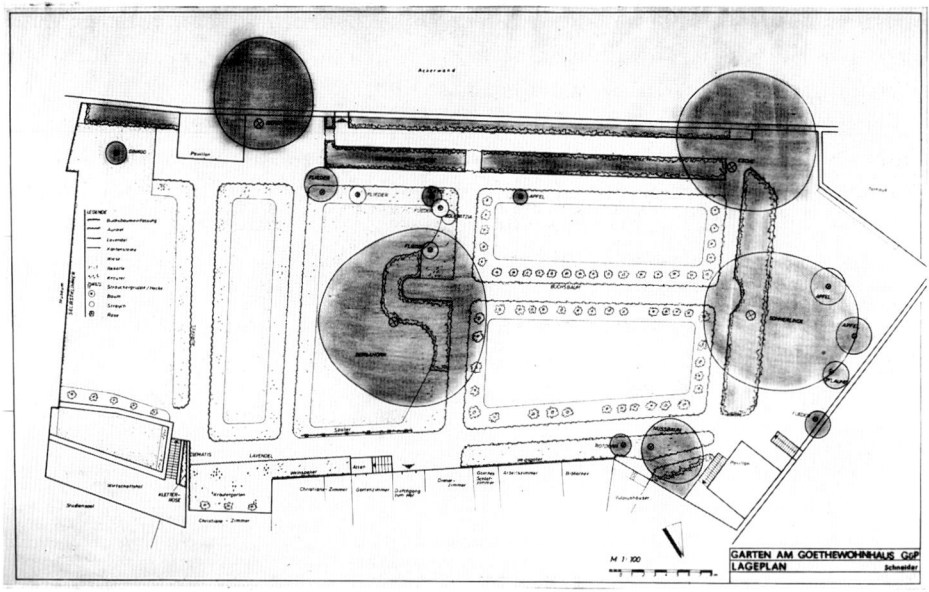

Lageplan von Goethes Hausgarten. Tuschzeichnung
von Angelika Schneider, 1985.

es ein Glücksfall, daß in einem Bauerngarten in Niedertrebra (bei Apolda) eine gefüllte Staudensonnenblume gefunden wurde, die zu einer Beschreibung aus der Goethezeit paßt. 1980 ist sie im Garten am Frauenplan eingezogen (siehe auch Anhang I). Es ist sehr zu begrüßen, daß im Samen- und Pflanzenangebot seit einigen Jahren vermehrt Arten geführt werden, die der ursprünglichen Form wieder sehr nahe kommen; dies resultiert gewiß aus einem Hang zur Nostalgie, ist aber für historische Gärten von Vorteil. Als Beispiel seien ein Steindruck aus dem Buch »The Ladies Flowergarden« mit den Zinniensorten Zinnia angustifolia »Classic« und »Perserteppich« und die Art Zinnia peruviana gegenübergestellt (Abb. Seite 89 und 94).

Um den Bürgern Weimars und den Gästen der Stadt eine unmittelbare Anteilnahme am Geschehen in den Parks und Gärten zu ermöglichen, wurde 1972 die Veranstaltungsreihe für »Blumen- und Gartenfreunde« ins Leben gerufen. Eine dieser Veranstaltungen findet in jedem Jahr im Goethegarten statt. Die Themen beziehen sich auf den Garten und die Gartenkultur zur Goethezeit. Zum Thema »Rosmarin und Thymian« ist 1979 extra auf dem Beet, wo das Hinterhaus etwas zurücktritt, ein kleines Kräutergärtchen angelegt worden. Vor der ehemals bewachsenen Giebelwand sind zwei Stangen der Aristolochia (Pfeifenwinde) aufgerichtet, wie es auch Goethe laut seiner Tagebucheintragung vom 23. März 1813 getan hatte. Dieser Schlinger, der im April die an kleine Tabakspfeifen erinnernden Blüten und später schöne große Blätter hervorbringt, gibt einen guten Hintergrund für die etwa 40 Gewürz- und Heilkräuter, die seit langer Zeit ein wichtiger Bestandteil jedes Hausgartens sind (Abb. Seite 95). Das Kräutergärtchen blieb erhalten und erfreut sich großer Beliebtheit bei den Besuchern, wurden doch diese Kräuter, die seinerzeit meist zwischen dem Gemüse angebaut waren, im Haushalt Goethes fast alle verwendet.

Den Höhepunkt eines jeden Jahres bilden die Feiern zu Goethes Geburtstag am 28. August, die als Gartenfest ausgerichtet werden. Alle Räume des Hauses sind mit Blumen geschmückt und von Kerzen erhellt; auch der Garten wird durch viele Lichter erleuchtet. Der Verkehr wird an diesem Abend umgeleitet, so daß kein Motorengeräusch die Aufführung – meist ist es ein kleines Theaterstück oder ein Singspiel – stört. Der große Ahorn in der Mitte des Gartens gibt den Hintergrund für das Bühnenbild ab. Im Anschluß können sich die Gäste in Haus und Garten ergehen oder an einem der Tische auf den Rasenflächen einen kleinen Imbiß einnehmen. Im Gelben Saal spielt ein Quartett Werke von Komponisten der Goethezeit, die auch draußen zu hören sind. Wenn die »Kleine Nachtmusik« von Mozart erklingt, wird es Zeit, den Heimweg anzutreten.

ANHANG
ZU DEN GARTENPFLANZEN

I. Im Goethe- und Schiller-Archiv Weimar fand sich folgendes Blatt (Bestand GSA, Goethe, Varia II, 1; 1 Folioblatt, Tinte (Schreiber?), Wasserzeichen, undatiert, ohne Unterschrift): *»Ew. Excellenz empfangen auf Rabatten schön blühende pernierte Staudengewächse welche in Kasten bezeichnet sind mit nachstehenden Nummern:*

1. *Helianthus giganteus*
2. *Helianthus laevis*
3. *Rudbeckia purpurea*
4. *Rudbeckia cacinata*
5. *Coreopsis tripteris*
6. *Coreopsis verticillata*
7. *Coreopsis tenuifolia*
8. *Althaea cannabina*
9. *Chrysocoma graminifolia*
10. *Helenium autumnale*

11. *Achillea filipendula*
12. *Aconitum Lycoctinum*
13. *Aster ericoides*
14. *Vinca major*
15. *Tradescantia virginica ff. albg.*
16. *Astrantia major*
17. *Agrostemna coronaria*

beikommende Schachtel mit Sommergewächsen.«

Wie wurde dieses ca. 140 Jahre alte Schreiben für den Hausgarten ausgewertet? Da es sich hier um Stauden handelt, sind die Arten konstanter geblieben als bei den Annuellen, die im vorigen Jahrhundert laufend durch Samen vermehrt wurden und so immer neue Varianten hervorbrachten.

Zu 1/2: alte Sonnenblumenart (Helianthus), in Niedertrebra wiederentdeckt, eine Staude, die in Höhe und Wuchsform gut in Goethes Garten paßt, ohne Neigung zum Wuchern durch Ausläufer, mit mittelgroßen, gefüllten Blumen in dunklem Gelb. Sie ist seit 1980 im Garten.

Zu 3: Rudbeckia purpurea (syn. Echinacea), der blaßrote Sonnenhut kam 1979 aus einem Privatgarten in Eberstedt nach Weimar.

Zu 4: Rudbeckia laciniata (wie es richtig heißen muß). 1978 wurde die Zuchtsorte »Goldquelle«, die nicht so hohe Form des alten, sehr hohen und wuchernden Sonnenhutes der alten Bauerngärten, gepflanzt, außerdem die 1906 gezüchtete hohe Rudbeckia nitida, die sehr lange blühende Fallschirmrudbeckie. Sie steht sehr gut am Ende des freistehenden Spaliers vor dem Altan, vom östlichen Garten her immer im Blickpunkt des Hauses.

Zu /5/6/7: Coreopsis, Mädchenauge. C. grandiflora »Badengold« mit großen, einfachen gelben Blüten und C. verticillata »Netzblattstern« mit gefiedertem Laub und kleinen gelben Blüten sind beide seit 1985 im Goethegarten.

Zu 8: Die hohe Stockmalve wird in mehreren Farben, auch schwarz, in einfachen und gefüllten Formen seit 1980 im Garten gehalten.

Zu 9: Chrysocoma graminifolia, Goldhaar, ist heute nicht mehr bekannt und wahrscheinlich kaum noch zu bekommen. Es ist eine Pflanze der Familie Korbblütler mit schmalem, grasartigem Laub und stammt aus dem Kapland.

Zu 10: Helenium autumnale, die Sonnenbraut, wird heute ausschließlich in Hybriden angeboten. 1980 kam die gelbe Sorte »Havelland« in den Garten.

Zu 11: Die hohe gelbe, über Wochen blühende Garbe steht ebenfalls seit 1980 im Garten.

Zu 12: Der seltene hohe gelbe Eisenhut konnte 1985 für den Garten erworben werden.

Zu 13: Aus einem Garten in Südbaden stammt die Aster ericoides, die ab Ende September mit unzähligen kleinen weißen Blüten bedeckt ist. Sie steht seit 1983 in Goethes Garten.

Zu 14: Das Immergrün war 1975 noch im Garten vorhanden.

Zu 15: Auch die Dreimasterblume in der roten Form stand noch im Garten. 1978 wurden die blaue und die weiße Form dazugepflanzt.

Zu 16: Agrostemna coronaria, heute Lychnis coronaria (Syn. L. tomentosa) ist seit 1980 häufig im Garten anzutreffen. Sie sät sich gern selbst aus und muß etwas im Zaum gehalten werden.

II. Blumen und Gemüse, die für den Hausgarten bis 1990 als Bestand der Goethe-Zeit nachgewiesen werden konnten.

Blumen

Akelei

Aster, auch Staude

Aurikel

Christrose

Dahlie (Georgine)

Diptam

Dreimasterblume

Nelken

Eisenhut

Hortensie

Hyazinthe

Graslilie

Immergrün (Sinngrün)

Kaiserkrone

Königskerze (Wollkraut)

Kresse

Krokus

Leberblümchen

Levkoj

Lilie, Madonnenlilie, Türkenbund

Pfauenlilie

Tulpen

Veilchen

Vexiernelke (Lychnis coronaria)

Schwertlilien (Iris germanica)

Goldhaar (Chrysocoma)

Löwenmaul

Lichtnelke (Lychnis chalcedonica)

Malve

Märzenbecher

Mohn

Muscari

Mädchenauge

Marienglockenblume

Narzissen

Nigella

Pelargonien

Pfingstrosen

Reseda

Ringelblumen

Schafgarbe

Rosen

Seifenkraut

Sonnenhut (rot und gelb)

Sonnenbraut (Helenium)

Sterndolde

Schneeglöckchen

Sonnenblume

Sauerklee

Wicken
Stiefmütterchen

Botanisch besonders interessante Pflanzen
Aristolochia (Pfeifenwinde)
Osterluzei
Rankende Winde
Heracleum (Heraklesstaude)
Farne

Obst
Apfel
Birne
Erdbeere
Feige
Kirsche
Pfirsich
Pflaume
Quitte
Johannisbeere
Stachelbeere
Orangen (Kübel)
Aprikose
Wein
Zwergmandel

Gemüse
Artischocke
Blattkohl
Bohnen (auch Stangenbohnen)
Fenchel
Gurken
Kohlrüben
Spargel
Kartoffeln
Kürbis
Möhren
Zwiebeln
Melone
Puffbohne (Saubohne)
Radieschen
Blumenkohl
Petersilie
Weiße Rübchen
Schwarzwurzel
Kohlsprossen (wahrscheinlich Austrieb von Grünkohl im folgenden Jahr)
Spinat
Erbsen
Türkischer Weizen (Mais)
Kohlrabi
Rapontica

ANMERKUNGEN

1 Geschichte meines Botanischen Studiums. In: Goethe, Die Schriften zur Naturwissenschaft. Bd. 9. Weimar 1954, S. 15.

2 Dieses Kapitel stützt sich im wesentlichen auf folgende Literatur: Georg Balzer, Goethe als Gartenfreund. München 1966, S. 13-15. Karl Bechstein, Schlösser und Gärten in Altweimar.Weimar 1936, S. 94. Wilhelm Bode, Goethes Leben im Garten am Stern. Berlin 1920, S. 23-27. Wolfgang Huschke, Die Geschichte des Parkes von Weimar. Weimar 1951, S. 180-183.

3 Zitiert nach: Bode (s. Anm. 2), S. 20.

4 WA IV 3, S. 10.

5 Christian Cay Laurenz Hirschfeld (1742-1792), Philosophieprofessor in Kiel, wurde mit seinen theoretischen Schriften zur Gartenkunst einer der Wegbereiter des Landschaftsgartens in Deutschland. 1769/1773 und 1775 veröffentlichte er dazu erste Aufsätze, 1779 folgten seine »Anmerkungen über die Landhäuser und die Gartenkunst«, und 1779-1785 erschienen die fünf Bände seiner »Theorie der Gartenkunst«.

6 Zitiert nach: Bode (s. Anm. 2), S. 13.

7 Abgedruckt in: Gitta Günther, Weimar-Chronik. Folge 2. Weimar 1987, S. 43.

8 WA IV 3, S. 122.

9 Goethes Gespräche. Hrsg. von Wolfgang Herwig. Bd. 1. Zürich 1965, S. 252.

10 Vgl.Wolfgang Vulpius, Die Nachbarn von Goethes Gartenhaus. Weimar 1973 (Weimar – Tradition und Gegenwart. Heft 24), S. 4ff.

11 Vgl. ebenda, S. 18.

12 GSA, Goethe-Rechnungen I, 6 = Sonderrechnungen/Baubüchlein, April-Juni 1777, I, 8ff = Belege zu Baurechnungen, 1776/1777.

13 WA III 1, S. 11.

14 Ebenda.

15 Goethes Gespräche (s. Anm. 9), S. 197.

16 Vgl. WA III 1, S. 12.

17 WA IV 3, S. 60.

18 Vgl. WA III 1, S. 13.

19 WA IV 3, S. 62. – Erdtulin: nach Balzer ein Märchenwesen aus dem Elsaß, welches unter Bäumen haust. Nach Paul Fischer (Goethe-Wortschatz, Leipzig 1929) im Weimar des 18. Jahrhunderts auch eine Bezeichnung für diejenigen, die wie Goethe und Carl August im Sommer gelegentlich im Freien bzw. auf der Erde schliefen.

20 WA IV 3, S. 65-69.

21 WA IV 3, S. 76.

22 Siehe u.a. Balzer und Bode (s. Anm. 2).

23 WA III 1, S. 26.

24 Vgl. ebenda.
25 WA IV 3, S. 117.
26 Vgl. WA III 1, S. 28.
27 WA IV 3, S. 72.
28 WA IV 3, S. 136.
29 Vgl. WA III 1, S. 35.
30 Ebenda.
31 Goethes Gespräche (s. Anm. 9),
    S. 248.
32 WA III 1, S. 36.
33 WA IV 3, S. 147.
34 Vgl. WA III 1, S. 42.
35 GSA, Belege zu Baurechnungen I, 8/2.
36 GSA, Rechnungen I, 7/28.
37 WA III 1, S. 36.
38 WA III 1, S. 37.
39 WA III 1, S. 53.
40 WA IV 3, S. 183.
41 WA IV 3, S. 159 f.
42 WA III 1, S. 36.
43 Goethes Gespräche (s. Anm. 9),
    S. 331.
44 WA IV 3, S. 154.
45 WA III 1, S. 37.
46 Vgl. Werner Weiland, Der Stein des
    guten Glücks im Garten am Stern.
    In: Goethe-Jahrbuch. 103/1986.
47 WA III 1, S. 29.
48 WA III 1, S. 61.
49 An Charlotte von Stein, 19. Januar
    1778; WA IV 3, S. 207.
50 Ebenda
51 Das Louisenfest; WA I 36, S. 242.
52 WA I 17, S. 37 f.
53 GSA, Rechnungen II, 2, 1778.
54 GSA, Rechnungen I, 4, 1776-1778.
55 WA IV 3, S. 238.
56 Ebenda, S. 231.
57 WA III 1, S. 80.
58 Ebenda, S. 96.
59 Ebenda, S. 110.
60 Vgl. ebenda, S. 111.
61 Vgl. WA IV 4, S. 196 und 208.
62 Ebenda, S. 237.
63 Vgl. ebenda, S.241.
64 Christian Cay Laurenz Hirschfeld,
    Theorie der Gartenkunst. Bd. 4.
    Leipzig 1782, S. 238.
65 WA IV 5, S. 301 und 316.
66 Vgl. ebenda, S. 333.
67 WA III 1, S. 140.
68 Goethes Gespräche (s. Anm. 9),
    S. 333.
69 Die Metamorphose der Pflanzen.
    Schicksal der Handschrift. In:
    Goethe, Die Schriften zur Naturwis-
    senschaft. Bd. 9. Weimar 1954,
    S. 63.
70 WA IV 7, S. 240.
71 Ebenda, S. 162.
72 Ebenda, S. 229.
73 WA II 7, S. 282, Paralipomena.
74 WA IV 8, S. 310.
75 Goethes Gespräche (s. Anm. 9),
    S. 398.
76 Ebenda, S. 549.
77 Siehe: Goethes Ehe in Briefen. Hrsg.
    von Hans Gerhard Gräf. Frankfurt
    am Main 1921, S. 62 f.
78 Ebenda, S. 69.
79 Ebenda, S. 81.
80 Ebenda, S. 179 f.
81 Ebenda, S. 217 f.
82 Ebenda, S. 354.
83 WA III 4, S. 268.
84 Goethes Ehe in Briefen (s. Anm. 77),
    S. 336.
85 Ebenda, S. 410 f.
86 Goethe Briefe an Charlotte von
    Stein. Hrsg. von Jonas Fränkel.
    Bd. 3. Jena 1908, S. 288.
87 Goethes Ehe in Briefen (s. Anm. 77),
    S. 141.
88 Ebenda, S. 145 und 166.
89 Therese Heyne, verehelichte Forster,
    berichtete 1787 von solch einem
    Birnbaum. (Bode, S. 300). Auch auf
    verschiedenen Abbildungen des Gar-
    tenhauses ist er zu sehen.
90 GSA, Belege XIII, 1/284, 1796.
91 Ebenda.
92 Vgl. Goethes Ehe in Briefen
    (s. Anm. 77), S. 88.
93 WA IV 12, S. 27 f.
94 WA III 2, S. 258.
95 WA IV 14, S. 184.

96 WA IV 3, S. 158.
97 WA III 7, S. 30.
98 WA III 4, S. 326.
99 GSA, Gartenangelegenheiten XIII, 6, 1817-1822.
100 Ebenda.
101 Ebenda.
102 Ebenda.
103 Ebenda.
104 WA III 7, S. 32.
105 Ebenda, S. 153.
106 Goethes Gespräche (s. Anm. 9), Bd. 3, 1, S. 666/667.
107 Johann Peter Eckermann, Gespräche mit Goethe in den letzten Jahren seines Lebens. Hrsg. von Regine Otto unter Mitarbeit von Peter Wersig. Berlin und Weimar 1984, S. 90 f.
108 WA III 11, S. 55.
109 Goethes Gespräche (s. Anm. 106), S. 127.
110 WA III 11, S. 57.
111 Ebenda, S. 58.
112 Ebenda, S. 57.
113 Ebenda, S. 60.
114 Ebenda, S. 43.
115 WA IV 42, S. 261.
116 WA III 11, S. 207.
117 Vgl. WA III 12, S. 96.
118 Goethes Gespräche (s. Anm. 9), Bd. 3,2, S. 435.
119 WA III 13, S. 93.
120 WA III 12, S. 96.
121 Ebenda, S. 203.
122 Ebenda, S. 205.
123 WA IV 47, S. 56.
124 WA III 12, S. 237.
125 Ebenda, S. 242.
126 WA IV 47, S. 47.
127 Zitiert nach: Walter Schleif, Goethes Diener. Berlin und Weimar 1965, S. 130.
128 WA IV 47, S. 57.
129 WA III 13, S. 10.
130 Kanzler Friedrich von Müller, Unterhaltungen mit Goethe. Hrsg. von Renate Grumach. Weimar 1982, S. 148.
131 WA III 13, S. 121.
132 Ebenda, S. 122.
133 Ebenda, S. 171.
134 GSA, 30, Goethe-Akten, Nr. 37.
135 GSA, 30, Goethe-Akten, Nr. 351.
136 Zitiert nach: Vulpius (s. Anm. 10), S. 23.
137 Adolf Stahr, Weimar und Jena. Bd. 1. Oldenburg 1852, S. 256.
138 GSA, Goethe-Familie, XXXII, 7 = Garten-Agenda, 1861/62.
139 Ebenda.
140 Siehe: Vulpius (s. Anm. 10), S. 27.
141 HStA Weimar, HMA 3628, 1885-1906.
142 Ebenda.
143 Ebenda.
144 HStA Weimar, HMA 3630, 1913-1919.
145 GSA, Institutsarchiv 159, 5, 1919-1925.
146 Ebenda.
147 HStA Weimar, HMA 3631, 1920/1921.
148 Ebenda.
149 GSA, Institutsarchiv, Akte GNM 5: 223, 1909-1950.
150 Ebenda.
151 Siehe: Alfred Jericke, Verfahren und Ergebnisse bei der Wiederherstellung von Goethes Gartenhaus. In: Goethe-Almanach auf das Jahr 1968. Weimar 1967, S. 255 f.
152 GSA, Institutsarchiv, NFG-Vorgängerakten 110.
153 GSA, Institutsarchiv, NFG-Vorgängerakten 116.
154 GSA, Institutsarchiv, NFG-Vorgängerakten 223.
155 GSA, Institutsarchiv, Goethes Gartenhaus Nr. 662, 1955-1958 und Nr. 703, 1959-1965.
156 Johanna le Goullon, Der Führer durch Weimar und dessen Umgebungen. Weimar 1825, S. 45 f.
157 Alexander Weichberger, Das Goethehaus am Frauenplan. Die Geschichte des Hauses von der

Erbauung bis zu Goethes Zeit.
Weimar 1932, S. 19.

158 Zitiert nach: ebenda, S. 31 f.

159 Zitiert nach: ebenda, S. 24.

160 Zitiert nach: ebenda, S. 29.

161 Zitiert nach: ebenda, S. 30.

162 Vgl. ebenda, S. 33.

163 WA IV 5, S. 347.

164 Briefe der Frau Rat Goethe. Ausge-
wählt und hrsg. von Rudolf Bach.
Leipzig 1966, S. 25 f.

165 Goethes Gespräche (s. Anm. 9), S.
556 f.

166 WA I 1, S. 290.

167 Goethes Ehe in Briefen. Hrsg. von
Hans Gerhard Gräf. Leipzig 1966,
S. 140.

168 Ebenda, S. 102.

169 GSA, Goethe eig. Briefe, Nr. 354.

170 Goethes Ehe in Briefen
(s. Anm. 167), S. 77.

171 Unterricht für ein junges Frauenzimmer, das Küche und Haushaltung
selbst besorgen will (Magdeburgsches
Kochbuch). Bd. 2. Magdeburg 1797,
S. 84 f.

172 Ebenda, S. 448.

173 WA IV 21, S. 223.

174 Haushaltbuch von 1862

175 Gitta Günther (s. Anm. 7), Folge 1,
S. 33.

176 Urgroßmutters Kochbuch. Auszüge
aus dem Kochbuch der Frau Rat
Schlosser. Hrsg. von Alexander von
Bernus. Frankfurt a.M. 1980, S.
139 f.

177 WA IV 23, S. 429 f.

178 Unterricht für ein junges Frauenzimmer… (s. Anm. 171), S. 439.

179 Goethes Ehe in Briefen
(s. Anm. 167), S. 167.

180 Ebenda, S. 318.

181 WA IV 22, S. 380.

182 WA IV 23, S. 15 und 16.

183 WA III 6, S. 31.

184 Goethes Ehe in Briefen
(s. Anm. 167), S. 72.

185 Ebenda, S. 191.

186 Ebenda, S. 317 f.

187 WA III 8, S. 148.

188 WA IV 47, S. 168.

189 WA IV 45, S. 254.

190 Goethes Ehe in Briefen (s. Anm. 167),
S. 79.

191 Anna Margaretha Justina Lindheime-
rin. Das Kochbuch von Goethes
Großmutter. Hrsg. von Manfred
Lemmer. Leipzig 1980, S. 58.

192 Goethes Ehe in Briefen
(s. Anm. 167), S. 78.

193 Ebenda, S. 167.

194 Ebenda, S. 171.

195 Unterricht für ein junges Frauenzimmer… (s. Anm. 171), S. 448 f.

196 WA IV 19, S. 292.

197 Das Kochbuch von Goethes
Großmutter (s. Anm. 191), S. 48 f.

198 Ebenda, S. 60.

199 WA I 1, S. 303.

200 Goethes Ehe in Briefen
(s. Anm. 167), S. 472.

201 WA III 4, S. 71.

202 WA III 6, S. 112.

203 WA III 6, S. 246.

204 WA III 8, S. 173.

205 WA III 10, S. 21.

206 WA III 12, S. 83.

207 Zitiert nach: Hans-Dieter Stoffler,
Der Hortulus des Walafried Strabo.
Aus dem Kräutergarten des Klosters
Reichenau. Sigmaringen 1985, S. 89.

208 WA III 4, S. 106.

209 WA III 4, S. 34.

210 WA IV 26, S. 5.

211 WA IV 20, S. 351.

212 Zitiert nach: Die Dahlie, ihre Geschichte, Kultur und Verwendung.
Berlin 1926, S. 20.

213 WA III 11, S. 114.

214 WA III 11, S. 115.

215 WA III 13, S. 63.

216 Goethes Ehe in Briefen
(s. Anm. 167), S. 69.

217 Ebenda, S. 74.

218 Ebenda, S. 76.

219 Ebenda, S. 76.

220 Ebenda, S. 85.
221 Ebenda, S. 312.
222 WA IV 15, S. 247 f.
223 Goethes Ehe in Briefen (s.Anm. 167), S. 143.
224 Ebenda, S. 160.
225 Ebenda, S. 172.
226 WA II 6, S. 102 f.
227 Wielands Briefwechsel. Hrsg. von Hans Werner Seiffert. Band 5. Berlin 1983, S. 503.
228 Ebenda, S. 607 f.
229 Zitiert nach: Gärten in Wielands Welt. Bearb. von Heinrich Bock und Hans Radspieler. In: Marbacher Magazin 40/1986, S. 43 f.
230 WA III 1, S. 15.
231 Allgemeines Teutsches Garten-Magazin. 8. Jg., Weimar 1811, S. 172/173.
232 Ebenda. 5. Jg., Weimar 1808, S. 17/18.
233 WA IV 20, S. 351.
234 Goethes Ehe in Briefen (s. Anm. 167), S. 450.
235 WA IV 26, S. 35.
236 WA III 5, S. 239.
237 WA III 6, S. 102.
238 WA III 13, S. 59.
239 Johann Peter Eckermann, Gespräche mit Goethe in den letzten Jahren seines Lebens. Berlin 1962, S. 627 und 629.
240 Vgl. Anm. 188
241 GSA, Goethe-Familie XIII, 6 (August v. Goethe, Gartenangelegenheiten 1817-1822).
242 WA III 8, S. 115, 117.
243 WA III 7, S. 30.
244 Vgl. Anm. 241.
245 Meyers Großes Konversations-Lexikon. Bd. 4. Leipzig und Wien 1905, S. 330.
246 WA III 11, S. 52 f.
247 WA III 7, S. 27.
248 Siehe. Anm. 243.
249 WA III 8, S. 38.
250 GSA, Goethe egg. Briefe, Nr. 354.
251 Ebenda.
252 Ebenda.
253 WA III 12, S. 139.
254 WA IV 12, S. 184 f.
255 WA III 12, S. 322 f.
256 WA III 13, S. 12.
257 WA II 7, S. 54 f.
258 WA III 13, S. 168.
259 Eckermann (s. Anm. 239), S. 205.
260 WA IV 46, S. 350.
261 WA III 13, S. 130.
262 WA III 13, S. 131.
263 GSA, Goethe-Familie XXIV, 6, 1864.
264 Aus dem Jahresbericht der Goethe-Gesellschaft 1903. In: Goethe-Jahrbuch 25/1904, S. 16-18.
265 Aus dem Nachlaß von Hermann Schüttauf.
266 Ebenda.
267 Ebenda.
268 GSA, Institutsarchiv, NFG Vorgänger-Akten 110.
269 GSA, Institutsarchiv, NFG Vorgänger-Akten 116.
270 GSA, Institutsarchiv, NFG-Vorgänger-Akten 223.
271 WA I 6, S. 152.

In unserem Verlag ist außerdem erschienen:

Harri Günther (Hrsg.)

GÄRTEN

DER GOETHEZEIT

308 Seiten mit 170 teils farbigen Abb. und
10 Karten, 24 x 27cm, Leinen mit Schutzumschlag
DM 98,- öS 765,- sFr 99,-
ISBN 3-361-00343-1

Edition Leipzig

In unserem Verlag ist außerdem erschienen:

Karl-Heinz Hahn (Hrsg.)

GOETHE IN WEIMAR

Ein Kapitel deutscher Kulturgeschichte

2. verb. Aufl., 306 Seiten mit 240 meist farbigen Abb.,
24 x 30 cm, Leinen mit Schutzumschlag
DM 98,- öS 765,- sFr 99,-
ISBN 3-361-00031-9

Edition Leipzig